JN269029

社会福祉基礎シリーズ ⑰
社会福祉援助技術現場実習

ソーシャルワーク実習

岡田まり・柏女霊峰・深谷美枝・藤林慶子　編

有斐閣

社会福祉基礎シリーズ編集委員
髙橋重宏・岩田正美・北島英治・黒木保博・白澤政和・渡部律子

刊行にあたって

　21世紀がスタートしたいま,社会福祉は大きな転換を迫られている。より複雑化しつつある社会は,個人や家族の多様なニーズに対処しうる社会福祉の理念や制度の再構築を求めているとともに,力量の高いソーシャルワーカーを必要としている。

　わが国の大学教育において社会福祉の専門職養成カリキュラムが統一されたのは,1986年に日本社会事業学校連盟が策定した「社会福祉専門職員養成基準」以降であり,その歴史は浅い。それまでは,専門職教育と謳(うた)いつつ実習がなかったり,科目の名称もバラバラであったり,教育内容も大学によって異なっていた。

　1987年に「社会福祉士及び介護福祉士法」が制定され,88年から施行された。そして厚生省(現在,厚生労働省)から「社会福祉士養成施設等における授業科目の目標及び内容」という通知がだされ,統一カリキュラムによる社会福祉士養成教育が行われることになった。その後,社会福祉基礎構造改革が進められる中で,国家資格である社会福祉士の養成カリキュラムの再検討が行われ,2000年度から新たな社会福祉士養成のシラバスが策定され通知された。新シラバスの特徴は,社会福祉基礎構造改革を受け,人権尊重,権利擁護,自立支援などが強調され,ソーシャルワーク実践教育が強化されたことである。

　このような中で,われわれは,ともすれば既存制度の解説を中心としがちな社会福祉士養成のテキストから,より高度な理論,価値・倫理や技術に支えられたソーシャルワーク実践を可能とするような新しいテキストへの転換の必要性を痛感した。

幸いに社会福祉理論研究やソーシャルワーク実践において中心的役割を担う多くの研究者・実務家のご協力を得て、ここに17冊の本シリーズがスタートする運びとなった。

　さまざまな課題、理想と現実との乖離を十分承知の上で、社会福祉士養成に新風を吹き込みたいと決意している。率直なご意見、ご批判をいただきながらよりよいテキストにしていきたい。

　2001年7月

編集委員

はしがき

　社会福祉士をめざす学生の多くは，社会福祉援助技術現場実習によって初めて社会福祉の現場を体験することになる。それまで経験した見学実習やボランティア等の体験と異なり，数週間に及ぶ現場実習は多くの気づきを与えてくれるであろう。

　初めて現場を経験する学生にとって，社会福祉援助技術現場実習は，たとえれば登山の初心者が初めて登山をするのに似ている。登る前には大きな不安を抱えるであろう。また登っている最中も登り切れるかどうか，未知の体験にどのように対処したらよいか，さまざまな感情が押し寄せてくることになろう。そして，登山前には意識しなかった険しさや道程を，実際に山に一歩踏み出した瞬間から実感として体験していくことになる。ある人にとっては簡単で容易な登山が，ある人にとっては大変困難な登山になる場合もある。同じ山を一緒に登っているからといって，同じように景色を感じているわけではないし，同じように苦労しているとは限らない。また，途中で挫折して登山をあきらめる人もいれば，休み休みであっても最後まで登り切る人もいる。登山に適した人もいるだろうし，適さない人もいるだろう。また，Aという山はだめだったけれど，Bという山ならば最後まで登り切れるという場合もある。そして，どんなに本を読んで登山のハウツーを理解したとしても，山の空気，雰囲気，道の険しさ，大変さ，達成感は，実際に体験してみないとわからない。登る目的も人によって異なるであろうし，登った後にどうするかも人によって異なる。

　社会福祉援助技術現場実習は，社会福祉士をめざす学生の1つの山である。それを越えれば，一歩ゴールに近づくし，それを越えなければ社会福祉士国家試験も受験できない。社会福祉援助技術現場

実習は，座学である講義と異なり，自分の生き方，人生，過去の経験，考え方等のすべてがその瞬間に凝縮されるといっても過言ではない。

登山前にさまざまな準備が必要なように，登山後に次回の登山に備えての反省が必要なように，社会福祉援助技術現場実習の前後には現場実習指導が必要であることはいうまでもない。また，登山をする学生を指導する教員，実習先となる機関・施設のスーパーバイザーの方々にとっても，現場実習指導をいかに行っていくかは，学生が山を越えられるかどうかの鍵となるものである。

2000年度より社会福祉士教育課程の大幅な改正が行われた。今回の改正の特徴は，①従来の社会福祉援助技術総論，社会福祉援助技術各論Ⅰ，社会福祉援助技術各論Ⅱの科目統合，②社会福祉援助技術演習の大幅な時間増，③社会福祉援助技術現場実習指導の新設である。より専門的な社会福祉士養成をめざした今回の改正による新たなカリキュラムは，社会福祉援助技術関連科目の強化をおもな目的として実施され，社会福祉援助技術の三本柱として，社会福祉援助技術論，社会福祉援助技術演習，社会福祉援助技術現場実習を立てたものである。

社会福祉援助技術現場実習指導は，従来は「社会福祉援助技術現場実習」のなかに組み込まれており，現場実習の一環として講義科目に入れられる場合が多かった。それを今回の改正において，現場実習から実習指導を分離し，①現場体験学習および見学実習を必須化，②コミュニケーション等人間関係形成について強化，③介護の実際についての配慮，が盛り込まれた内容になり，時間数も90時間となっている。

厚生労働省は，社会福祉援助技術現場実習指導の目標を以下のように規定している。

①社会福祉援助技術実習の意義について理解させる
②社会福祉援助技術現場実習を通じて，養成施設で学んだ知識，状態等を具体的かつ実際的に理解できるよう指導する
③実践的な技術等を体得できるよう指導する
④福祉に関する相談援助の専門職としての自覚を促し，専門職として求められる資質，技能，倫理，自己の求められる課題把握等，総合的に対応できる能力を修得できるよう指導する

　これらの目標は，教員側から書かれたものであるが，これらを学生が自分の目標として理解できるようにしていくことに本書の第1の特徴がある。

　本書の第2の特徴は，社会福祉援助技術現場実習指導を厚生労働省のシラバスにのっとり，学生が理解しやすいように，また担当教員も利用しやすいように，①実習前，②実習中，③実習後の時系列でとらえていったことである。

　第3の特徴として，①社会福祉援助技術現場実習を履修する学生，②社会福祉援助技術現場実習を教える教員，③社会福祉援助技術現場実習の対象となる機関・施設のスーパーバイザー，の方々に使用していただけることを配慮して作成したという点がある。記述は学生が使用する場合を想定しているが，教員やスーパーバイザーが読み替えて使用することも可能である。

　第4の特徴は，社会福祉系の各養成校，大学，短期大学等でそれぞれに作成しているマニュアルと併行して使用できることを意図している。

　第5の特徴としては，社会福祉援助技術現場実習を身近なものに感じるために，ビネットや事例を各章に入れ理解しやすくするとともに，実習をすでに経験した学生や現場のスーパーバイザー等の意見や体験をコラムとして載せた。具体的な実習場面を想定できるよ

うにするとともに，経験していない実習先施設・機関の様子，他の実習生の様子などを理解しやすいものとした。

　社会福祉援助技術現場実習を履修する学生には，できるだけ社会福祉士国家試験を受験していただきたい。学生が専門職としてこれからも社会福祉に関わることを前提として，社会福祉の現場の方々は学生を受け入れてくださり，利用者・入所者の方々は自分の生活に実習生を関わらせてくださるということを，実習生も実習に携わる教員も忘れてはならないと思う。あくまでも社会福祉の専門職養成のための実習であることを，本書では強調したい。ただ資格を取得するのではなく，実習という経験を生かして，社会福祉専門職としての第一歩を踏み出していただくきっかけになればと願う。そして，社会福祉援助技術現場実習の講義やスーパービジョンのすべてを終了した後にはどんなかたちであれ，登山をなしとげた達成感を感じていただきたい。

　山に登るためには装備が必要なように，本書によって社会福祉援助技術現場実習の心や知識，技術の装備を身につけて，社会福祉援助技術現場実習に臨んでいただければ幸いである。

　　　2001年11月

　　　　　　　　　　　　　　　　　　　　　　　　　　編　　者

執筆者紹介 （執筆順，＊印は編者）

＊**藤林慶子**（ふじばやし けいこ） ……………… ❶章 **1, 6**・❺章 **3** 担当
　1959 年生まれ
　1984 年，日本女子大学大学院文学研究科社会福祉専攻修士課程修了
　現　　在　東洋大学社会学部社会福祉学科教授

船水浩行（ふなみず ひろゆき） ……………………… ❶章 **2, 3** 担当
　1964 年生まれ
　1988 年，駒澤大学大学院人文科学研究科修士課程修了
　現　　在　東海大学健康科学部社会福祉学科准教授

大竹　智（おおたけ さとる） ……………………… ❶章 **4, 5** 担当
　1962 年生まれ
　1991 年，駒澤大学大学院人文科学研究科修士課程修了
　現　　在　立正大学社会福祉学部子ども教育福祉学科教授

藤井美和（ふじい みわ） ……………………………… ❷章 担当
　1959 年生まれ
　1999 年，ワシントン大学大学院 School of Social Work 博士課程修了（Ph.D.）
　現　　在　関西学院大学人間福祉学部教授，関西学院大学死生学・スピリチュアリティ研究センター長

＊**柏女霊峰**（かしわめ れいほう） ……………………… ❸章 担当
　1952 年生まれ
　1975 年，東京大学教育学部卒業
　現　　在　淑徳大学総合福祉学部教授

＊**岡田まり**（おかだ まり） ……………………………… ❹章 担当
　1962 年生まれ
　1996 年，コロンビア大学大学院健康・栄養教育学研究科博士課程修了

　　　　　（教育学博士）
　　　現　　在　立命館大学産業社会学部現代社会学科教授

＊深 谷 美 枝（ふかや　みえ）……………………………… ❺章 **1, 2, 4** 担当
　　1961 年生まれ
　　1989 年，上智大学大学院文学研究科博士後期課程単位取得修了
　　　現　　在　明治学院大学社会学部社会福祉学科教授

　村 井 美 紀（むらい　みき）………………………………………… ❻章 担当
　　1955 年生まれ
　　1991 年，日本社会事業大学大学院社会福祉研究科修士課程修了
　　　現　　在　東京国際大学人間社会学部准教授

目　次

1章　社会福祉援助技術現場実習とは ——————1

1 社会福祉援助技術現場実習を履修する前に………… 2

2 専門職になるために必要な社会福祉援助技術現場実習とソーシャルワーク………………………………… 6

　2-1 「社会福祉援助技術現場実習」の位置づけ　6
　2-2 社会福祉援助技術（ソーシャルワーク）とは　7
　2-3 ソーシャルワークの学習に必要な社会福祉援助技術現場実習　10

3 社会福祉援助技術現場実習のモティベーションとは… 11

　3-1 モティベーションとは　11
　3-2 社会福祉援助技術現場実習にいくために必要なモティベーション　12

4 実習前の自己覚知の必要性…………………………… 15

　4-1 自己覚知（self-awareness）とは　15
　4-2 自分自身とは　17
　4-3 心の4つの窓　19
　4-4 援助を求めている人・対象者・利用者（クライエント）とは　20
　4-5 実習中における利用者との関係（ソーシャルワーク関係）　20

5 機関実習と施設実習の知識…………………………… 24

　5-1 実習内容　24
　5-2 実習施設の範囲　25
　5-3 実習形態　27

6 社会福祉援助技術現場実習とは……………………… 29

ix

2章 ソーシャルワーク実習の前提となる価値・知識・技術 ―― 33

1 ソーシャルワークの目的 …………………………… 34

2 ソーシャルワーク実践における価値・知識・技術 … 35

2-1 価　　値　35
2-2 知　　識　43
2-3 技術（スキル）　55

3 ソーシャルワークの枠組み …………………………… 67

3章 事前学習 ―― 71

1 事前学習の位置づけと学習内容 …………………………… 72

1-1 事前学習の位置づけ　72
1-2 事前学習における学習内容　72

2 学生の立場からみた事前学習 …………………………… 75

2-1 ソーシャルワーカーをめざす学生の5つの壁　75
2-2 事前学習に臨む学生の不安と施設の要望　77

3 事前学習の内容 …………………………… 80

3-1 配属機関・施設に関する学習，見学実習　80
3-2 社会福祉援助技術に関する学習　83
3-3 事前訪問，実習オリエンテーション　86
3-4 現場体験学習　88

4 配属実習の流れと実習の心構え …………………………… 89

4-1 配属実習のパターン　89
4-2 配属実習の流れをつかむ　90
4-3 配属実習の具体的心構え　96

4章 実習計画の作成 ——————————— 101
1 実習計画とは………………………………………… 102
- 1-1 計画とは 102
- 1-2 実習計画の意義 105
- 1-3 実習計画書 108

2 実習計画の作成方法………………………………… 110
- 2-1 アセスメント（情報収集と分析） 110
- 2-2 実習目標の設定 113
- 2-3 実習課題の設定 114
- 2-4 計画の実行とモニタリング 117
- 2-5 日々の目標 118
- 2-6 計画の終了と結果評価 119

3 社会福祉施設種別（施設・相談機関）による実習計画の特徴………………………………………………… 120
- 3-1 実習内容と実習計画 120
- 3-2 施設実習 120
- 3-3 相談機関実習 122

5章 配属実習 ——————————————— 127
1 配属実習にいくということ………………………… 128
- 1-1 配属実習という状況について 128
- 1-2 「実習生としての役割取得」について 129
- 1-3 「学生としての課題達成」について 134
- 1-4 「実習計画」を修正すること 135

2 配属実習中に感じやすい「悩み」とその解決のヒント……………………………………………………… 137
- 2-1 実習指導者とうまくコミュニケーションがとれない 138

- 2-2 実習の内容がやりたいことと違う　139
- 2-3 実習先で見聞きしたことに違和感を感じるが，どうすればよいか　141
- 2-4 実習先指導職員からケース記録の閲覧はできないと言われた　142
- 2-5 利用者と信頼関係がつくれない　144
- 2-6 利用者に物をもらう　145
- 2-7 利用者にショックなことをいわれた　146
- 2-8 利用者にしつこくアドレスをきかれる　148

3 教員による実習中の巡回指導　149

- 3-1 巡回指導とは　149
- 3-2 実習巡回時までに整理しておくこと　151
- 3-3 実習巡回時の面接について　153
- 3-4 巡回指導後の実習について　156

4 実習ノート，サブノートの書き方　157

- 4-1 実習ノートとは何か　157
- 4-2 実習ノートの書き方　158
- 4-3 サブノートの書き方　160

6章　事後学習　165

1 事後学習の課題と授業の進め方　166

- 1-1 事後学習の課題　166
- 1-2 事後学習の進め方　167
- 1-3 実習スーパービジョンとは　169

2 事後学習の実際　175

- 2-1 事後学習開始の前提　175
- 2-2 事後学習（グループ・スーパービジョン）の実際　176

3 実習評価の活用と実習レポートの作成　197

3-1 評価の意味と活用　197
3-2 実習総括レポートの作成　200

4 実習総括全体会の意味とその運営 ……………… 206
4-1 実習総括全体会の意味と運営方法　206
4-2 実習総括全体会の事例　207

より深い学習のために ………………………………… 215
索　　引 …………………………………………………… 217

Column

❶ 実習を通じて体得したさまざまな自己に対する気づき（実習担当教員の所感）　98
❷ プレッシャーを乗り越えて　163
❸ 実習生に望むこと　164
❹ アメリカにおける実習スーパービジョン　210
❺ 社会福祉援助技術現場実習報告会で報告をして　211

本書のコピー，スキャン，デジタル化等の無断複製は著作権法上での例外を除き禁じられています。本書を代行業者等の第三者に依頼してスキャンやデジタル化することは，たとえ個人や家庭内での利用でも著作権法違反です。

1章 社会福祉援助技術現場実習とは

本章で学ぶこと

　社会福祉援助技術現場実習にいく学生は，必ず**社会福祉援助技術現場実習指導**というカリキュラムの講義ならびに演習を受けなければなりません。社会福祉援助技術現場実習とは，実習にいく準備を確認してから現場に臨み，実習後にもう一度スーパービジョンを行うことによって，はじめてその目的を達成するものです。そして，現場実習はそれまで皆さんが学んできた社会福祉援助技術，ソーシャルワークが，わが国の現場でどのように実践され，どのような機能を担っているか等を確認する場でもあります。

　そのような意味からも社会福祉援助技術現場実習にいく前に，社会福祉援助技術論のなかで，とくに実習に必要な部分を再度確認することは重要です。本章では，社会福祉援助技術現場実習にいく前にもう一度押さえておく必要がある社会福祉援助技術の知識を確認しましょう。そして，社会福祉援助技術現場実習の位置づけやその重要性について理解しましょう。

1 社会福祉援助技術現場実習を履修する前に

---ビネット 1---

利用者から怒られた A さん

　デイサービスセンターで実習していた A さんは，いつも 1 人で座っていて，レクリエーションにも参加しない B さんが気になった。職員もなんとか B さんにも他の利用者と話をしたり，とけ込んでもらいたいと思い，日頃から積極的に声をかけていた。

　ある日，B さんがいつものように 1 人で座っていたので，A さんは横に座り，天気の話から始まり，さまざまな話題を投げかけてみた。B さんは「ああ」とか「そうだね」「いいや」とか簡単な受け答えしかしなかったが，会話は嫌そうではなかったので，A さんは家庭のことやそれまでの生活のことなど，今まで疑問に思っていたことを聞いていった。そして，1 人でぽつんと座っているのではなく，みんなと話してみたらどうかと言ってみた。

　A さんが自分では上手に話しているなと思っていたその時，B さんが突然どなり始めた。「なぜあんたはそんなに私のことを聞くのか？　職員でもないあんたに，なぜそんなことまで言われなければならないのだ？　1 人でいるのがいけないことなのか？　私は 1 人でこうしているのが好きなんだ！　ほっといてくれないか！」

　その声の大きさに実習担当職員が飛んできて，「B さん，どうしたんですか？」と聞いた。しかし B さんは「いや，なんでもない」と言って，またそのまま黙ってしまった。

　A さんはショックを受けた。実習生として必要な情報を聞いていたつもりだったし，専門職になろうと思っているし，以前から B さんは 1 人でいるよりもみんなといるほうがよいと判断していたので，考えていたとおりに話していったつもりであった。

　何がいけなかったかわからないまま，とりあえず謝ったが，その後

> AさんはBさんに話しかけられずに実習期間が過ぎていった。

　Bさんはなぜ怒ったのだろう。Aさんにとってみれば，けっして間違ったことをしているわけではなく，職員がいつもしているように，接していたつもりであった。実習においては，このようなことが起きる場合もある。Bさんにしてみれば，孫のような実習生から言われたことに怒ったのかもしれないし，根ほり葉ほり聞かれたという印象があったのかもしれない。職員にもいつも同じように言われているが，職員に反発できないので実習生にぶつけたのかもしれない。他にもさまざまな理由が考えられる。本当の理由はわからないが，問題はどなられたAさんである。

　Aさんは今後どうすればよいのだろう。Aさんにとって，社会福祉援助技術現場実習はつらい経験として残るのだろうか。

ビネット 2

職員から言われた言葉にショックを受けたCさん

　Cさんは，社会福祉士の国家試験受験資格はとりたいが，社会福祉の現場への就職は考えていない。今の世の中，資格を1つくらいもっていないといけないし，せっかく社会福祉学科に入学したのだから，受験資格をもつのは当然だと思っていた。周りにもそういう友達が多いので，あまり問題だとも思わないで，当然のように社会福祉援助技術現場実習を履修した。

　実習先は児童養護施設だったが，ただたんに子どもが好きという理由で選んだのであって，積極的な理由があったわけではない。「実習なんてちょろいもんさ」と先輩たちも言っていたから，あまり心配していなかった。

　Cさんは自分でもアルバイト先で気が利くほうだと思っていたので，家事もしなければならない児童養護施設の実習は自分にぴったりだと思っていた。実習をしてみると，子どもたちとの会話も弾んでいたし，

1　社会福祉援助技術現場実習を履修する前に

「お姉ちゃん」と慕われ得意にもなっていた。

そんなある日，実習の中間の話合いが行われた。Cさんはこれだけ子どもたちから慕われているのだから，何も問題はないだろうと思って，話合いに臨んだ。しかし，実習担当職員からの最初の一言は「あなたは何のためにここで実習をしているの？」だった。その問いかけに，ただ社会福祉士の国家試験受験資格を取得したいからとは答えられなかった。口ごもっていると，実習担当職員は続けて言った。

「あなたの実習態度を見ていると，一見うまくやっているようにみえるけれど，表面的な感じがするの。そして，私たちが実習生としてやってほしいことをきちんとしないで，適当に済ませているように見えるし，きちんとしないまま子どものところに行ってしまう。子どもと接したいのはわかるけれど，あなたの接し方で子どもたちが落ち着かなくなっているのがわかる？

今のあなたの状態は実習生ではなく，人の家に突然やってきた招かれざる客みたいなものなのよ。実習生としての心構えができていないから，自分の状態を把握していないし，気が利かないから周りが見られない。社会福祉の実習とは何かがわからないまま実習に来ている感じがするの。このまま実習を続けるのは，あなたにとっても子どもたちにとってもよくないことだと思うのだけど，あなたはどう思う？」

Cさんは頭のなかが真っ白になり，何も考えられなかった。自分ではうまくやっているし，子どもたちにも好かれていると思っていた。何よりも自分は気が利かないと思ったこともなかった。突然自信を失ったCさんはどうしたらよいのか，わからなくなってしまった。

自分ではとてもうまく実習をしていると思っていたCさんにとって，職員の一言は大変衝撃的なものだったであろう。しかし，なぜCさんは自分の状態を把握できなかったのだろうか。Cさんは，日常生活においてもこのように勘違いをしているのだろうか。Cさんの普段の生活と実習はどのように結びつくのだろうか。また，国

家試験受験資格取得のためだけに実習にいってはいけないのだろうか。

社会福祉の実習にいくということは，今まで知らなかった自分を知ることであり，友人関係やアルバイト程度の経験しかない学生にとっては，はじめての社会経験でもある。実習では，実習生の性格，考え方，価値観，知識，日常生活態度等の実習生の全体像が明らかにされることが多い。たとえば，箸の使い方が下手だったり，食事のマナーがなっていなかったりという日常生活の部分にまで言及される場合もある。今まですべてお母さんが掃除も洗濯もしてくれて家事はやったことがないという実習生が，洗濯や炊事をしてくださいといわれ，何もできずに落ち込むこともある。自分では日常生活をなんの問題もなく送っているつもりでも，実習にいった場合にうまくできるとは限らない。

後に詳しくふれるが，社会福祉援助技術現場実習にはいくつかのパターンがある。福祉事務所や児童相談所のような社会福祉機関にいく実習と児童養護施設や特別養護老人ホームのような24時間そこで利用者が暮らしている生活施設にいく実習では，その内容は大きく異なる。しかし，福祉事務所も児童養護施設も児童相談所も特別養護老人ホームも，わが国の社会福祉の現場であることには変わりがない。社会福祉援助技術現場実習は，わが国の社会福祉の現状を体験する場である。しかし，その現場の主体はあくまでも利用者や入所者，職員である。そして，社会福祉援助技術現場実習は，社会福祉援助技術を学習するための実習である。医学生が臨床実習を行うようにまたは看護学生が看護実習を行うように，社会福祉の学生は社会福祉援助技術を学ぶために，そして社会福祉の専門職とは何かを学ぶために社会福祉援助技術現場実習を行う必要がある。

本章では，以下に社会福祉援助技術現場実習とソーシャルワーク

の関係を説明し，実習に必要な**モティベーション**や**自己覚知**を確認し，社会福祉援助技術現場実習の形態等について述べる。

2 専門職になるために必要な社会福祉援助技術現場実習とソーシャルワーク

2-1 「社会福祉援助技術現場実習」の位置づけ

「社会福祉の実習」は，その目的によって多様な内容，方法，形態で実施される。たとえば，資格制度に対応しての実習という観点からみても，本書が取り上げている社会福祉士受験資格に関わる**社会福祉援助技術現場実習**のほか，精神保健福祉士受験資格，介護福祉士資格，社会福祉主事任用資格，保育士資格等多様な資格に対応しての実習がある。また，ここ10年程の間に，時代の要請等を背景に，社会福祉を学ぶことができる大学は急速に増加し，100を上回る福祉系の学部学科等が設置されている。これら各大学では，それぞれの教育課程における独自の取組みとして，上記のような資格制度に関わる実習の前提としての入門的実習を設定したり，さらには，資格制度のための実習では実施できない施設種別等での実習，卒業研究や卒業論文のためのより専門的実習を設定したりもしている。

こうしたなかで，社会福祉援助技術現場実習は，いうまでもなく「社会福祉士受験資格」の指定科目の1つであることから，受験資格の取得を第一義的目的とする実習ということであるが，この実習を通しておもに学ぶことは何であろうか。

社会福祉士は，社会福祉士及び介護福祉士法（昭和62年法律第30号）に次のように規定さている。

（定義）

第2条　この法律において「社会福祉士」とは，第28条の登録を受け，社会福祉士の名称を用いて，専門的知識及び技術をもって，身体上若しくは精神上の障害があること又は環境上の理由により日常生活を営むのに支障がある者の福祉に関する相談に応じ，助言，指導その他の援助を行うことを業とする者をいう。

　以上の規定から，社会福祉士は，社会福祉の専門職であり，高齢者，身体障害者，知的障害者などのさまざまの生活上の問題を抱える人々の相談に応じていくということから，おもな業務は社会福祉援助技術（ソーシャルワーク）であり，ソーシャルワーカーの資格とされている。また，しばしば「専門的知識と技術を用いて相談援助を行う福祉専門職（ソーシャルワーカー）の国家資格」(日本社会福祉実践理論学会編［1993］)とも整理されている。ただし，本資格制度の成立過程等を勘案すれば，100％「社会福祉士＝ソーシャルワーカー」とはいい切れない状況があり，今後は社会福祉士をソーシャルワーカーの基礎的資格として確立していくことが求められるであろう。

　したがって，さまざまな問題はあるが，ここではソーシャルワーカーという専門職が行う社会福祉援助技術（ソーシャルワーク）を学ぶことが，社会福祉援助技術現場実習のおもな目的であるととらえる。

2-2　社会福祉援助技術（ソーシャルワーク）とは

　社会福祉援助技術とは何だろう。

　「社会福祉」は，社会生活を営む主体である人々の福祉（幸福，安寧）を目的とする社会的仕組みととらえることができる。人々の日常生活に困難を来すような諸問題が，個人的要因だけではなく，社会的要因（社会の仕組みの問題，人々と社会との関わりとの間の問題な

ど）によってもつくりだされる，社会的・普遍的問題であるということが認識されるようになったことから，必要不可欠な社会的仕組みとして確立してきた。

たとえば，今日の社会福祉の源流の1つとされる貧困問題への対応の展開を簡単に振り返りたい。貧困は，古い時代から長らく，個人の能力不足，努力や道徳観の欠如など個人的要因によるもので個人的問題とされてきた。「貧民は惰民」であり「貧困に陥ることは悪徳である」とさえいわれ，社会的取組みとしての救貧対策が積極的に行われることはなかった。しかし，イギリスにおいて，19世紀末から20世紀初頭にかけて実施された，ブースのロンドン調査，ラウントリーのヨーク調査等により，当時の約3割が貧困層という大きな社会問題であり，その原因もそれまで認識されてきたような個人の慣習上の問題より，雇用機会や低賃金等の雇用上の問題が最も大きいことが明らかにされることとなった。こうしたことを契機として，それまでの救貧対策のあり方が問われるようになるとともに，社会保険に代表されるような，これを防ぐための対策（防貧対策）も社会的手立てとして確立されるようになってきたのである。そして，イギリスの場合は，その後，2度の世界大戦を挟んでの紆余曲折を経ながら，ベバリッジ報告により「ゆりかごから墓場まで」とされる，いわゆる「福祉国家」の1つの典型に辿り着いたのである。

こうして，各国の文化，社会・経済の状況等により事情は異なるものの，広い意味で日本語で「社会福祉」といわれる社会的な援助の枠組みは形成されてきた。そして，現代社会に暮らす人々にとって，さまざまな日常生活上の課題に対応していくには，こうした社会的援助の必要性がますます拡大してきているのである。

現代社会における社会福祉は，①当初の経済的援助だけではなく，

非経済的援助も含めたさまざまな個別の援助に対して，②数多くの法令が規定され，③これによる機関，施設，サービスがあり，④その実施のために多くの従事者がいるという全国民的施策となっているのである。

このように，その枠組みが大きくなればなるほど，社会福祉の目的を達成していくために，援助を必要とする人々とどのように関わっていくのか，必要なサービス等とどのように結びつけていくのか，さらには，サービスをどのように運営していくのかなどが大きなポイントとなる。

この社会福祉の専門的実践活動が社会福祉援助活動であり，その方法（社会福祉援助技術）がソーシャルワークなのである。

たとえば，自分自身の親の介護を在宅で行うことに直面した家族に対した場合，前記のとおり，「社会福祉」の視点として，問題を個人からだけ考えるのではなく，社会との関わりにも注目しトータルな生活援助をしていくということから，実践は次のようなことが考えられる。

(1) 何が問題なのかを明確化し，どのように援助するかの計画を立案する。
(2) そのうえで，利用できる公私の資源は何であるのか，どう活用していくのかを考え，必要なサービス等を利用者の意思で活用していくようにする。
(3) さらには，利用者のニーズや実際のサービス利用の状況等から，その効果的運営方法を検討したり，十分なサービスをする。

渡部律子は，本シリーズ第6巻『子ども家庭福祉とソーシャルワーク』において，「ソーシャルワークの構成要素」（ソーシャルワークがよってたつもの）として，①ソーシャルワークの目的，②価値と倫

理, ③知識の基盤, ④援助のプロセスをあげている。

ソーシャルワークには, 「①人が自分の能力を拡大し, 問題解決と対処能力を身につけていくことを援助する。②人が資源を得ることを援助する。③組織が人に対する責任をとるようにする。政策や組織の運営のなされかたを詳細に調べ, クライエントが資源を手に入れることができるようにする。④環境における個人と他の人々との相互関係を促進する。⑤組織と制度間の交流に影響を与える。コーディネーター, メディエーター, 情報のdisseminator（普及；かっこ内引用者）となる。⑥社会と環境の政策に影響を与える」という目的があり,「価値と倫理」「知識の基盤」を共有化しながら「援助のプロセス」を展開していくのである。

2-3 ソーシャルワークの学習に必要な社会福祉援助技術現場実習

前項に整理したような社会福祉援助技術（ソーシャルワーク）を学ぶためには, 多種多様なソーシャルワーク実践の現場での実習は不可欠である。

なぜならば, 大学の学内での講義や演習で, テキスト・事例等の教材を通して得られた知識や技術は, 対象となる人間とその生活, そこから派生してくるニーズに対応していくための多様な実践との統合化ができてはじめて身につくものだからである。

また, 知識や技術だけでなく, 専門職として必要な価値, 倫理の共有ということも, 実践現場でしか得ることができないものなのである。実際に実習にいくにあたっては, この点をとくに留意してもらいたい。ともすれば, 実習生は, 利用者の方々とのコミュニケーションのとり方, 面接の技法, 記録の方法などの側面に目がいきがちである。しかし, 実際に社会福祉の実践現場でともに仕事をして

いくには，こうした側面よりも，社会福祉の理念とか価値，倫理をどう共有できるかということが大きな要素であり，多少の方法の違いがあっても，この部分が一緒であれば，辿り着く所は同じではないかと考える。

　何よりも，ソーシャルワークが専門職により展開されるものであるとすれば，これを養成する課程のなかで実習がないことはあり得ないことである。

3　社会福祉援助技術現場実習のモティベーションとは

3-1　モティベーションとは

　モティベーションとは，「**動機づけ**」と訳される。「動機付け」とは，三省堂『大辞林 第2版』によると「生活体を行動へ駆り立て，目標へ向かわせるような内的過程。行動の原因となる生活体内部の動因と，その目標となる外部の誘因とがもととなる」とされている。簡単にいうと，現実を直視し，理想や目標に向かって進んでいこうとする気持ちをもつことである。

　モティベーションが明確な（＝動機づけられた）行動であれば，その行動は，速さが必要な場合はスピードが速く，力強さが必要であれば力強く，継続力や持続力が必要であれば長続きもしていくのである。たとえば，社会福祉援助技術（ソーシャルワーク）に関連する理論でも，「問題解決アプローチ」においては，ケースワークを「動機づけ－能力－機会」という要素から構成しようとする。利用者（クライエント）がケースワークによるサービス利用を方向づけていく要素の1つとして，自身の動機づけ（モティベーション）をいかに高めていくのかをあげている。

つまり、この動機づけ(モティベーション)は、ある1つの行動を、有益あるいは効果的方向に推し進めていく働きをもつものである。

したがって、社会福祉援助技術現場実習に向けては、ここでの学習に向けての意欲をもち、「なぜ社会福祉援助技術現場実習にいくのか」「実習で何を明らかにしたいのか」「実習にいくにあたって、何がわかっていて、何がわからないのか」「何を知りたいのか、学びたいのか」などを明確化することが必要となる。

3-2 社会福祉援助技術現場実習にいくために必要なモティベーション

まず、次の2つの実習生のビネットをみてみよう。

ビネット 3

D君の福祉事務所での実習——社会福祉援助技術現場実習そのものへの動機づけが弱かった事例

D君は、社会福祉援助技術現場実習の最初のガイダンスにおいて課されたレポートの「社会福祉援助技術現場実習を履修する理由」の欄に次のように記した。

「とりあえず受験資格を取得するため」

こうした姿勢であったため、実習事前指導の一環として実施している先輩の実習報告会を聞いてのレポートには、次のような不安が記されていた。

「『社会福祉士受験の資格をとるために実習にきたのか?』という質問をされたという話を聞いたが、もし自分が同じ質問を受けたら、『何と答えればよいのだろう?』という不安が一瞬頭のなかをよぎった。たしかに、社会福祉士の受験資格のためと思っているので、そのために実習は『とらなくてはならない』という考えがある。そういう考えだけで実習に臨んではならないと反省した。自分の考えを直して、目標をもって実習に臨んでいきたいと思った」

しかし，残念ながら，この軌道修正ができないままに実習に臨んでしまった。この結果，実習終了後，実習先からの評価表の総合所見には次のように記されていた。
　「実習には問題意識と積極性が求められることはいうまでもありませんが，それ以前に，実習生という立場を自分自身で理解することに欠けているようです。……今，自分が何をしなければならないのかをもう少し考えてほしいと思います。……今後は，問題点を正確にとらえていくという学習が必要なのではないでしょうか」

　以上のD君の事例は，ただたんに「社会福祉士受験資格取得のため」という動機から始まり，「そのために行わなければならない実習」ということからの軌道修正ができなかったことが尾を引き，実習生として何をすべきか自体が問われてしまっているのである。

ビネット 4

Eさんの福祉事務所での実習——実習内容（社会福祉援助技術の学習）への動機づけが弱かった事例

　Eさんは，社会福祉援助技術現場実習の事前学習段階で実習先を選定するための担当教員との面接において，「福祉事務所を実習先として希望した理由」を次のように述べた。「福祉のどの分野を専門的に学びたいかまだ決めていないので，福祉を全体的に学ぶことを目的として，福祉事務所での実習を希望した」

　このため，事前学習の課題としてまとめた「実習計画」において，学習の視点が明確化できず，多くの項目は掲げたが，その文章の末尾には次のような，どちらかといえば受け身の表現がめだった。「……見学したい」「……お聞きしたい」「……見たい」

　この結果，実習終了後，実習先からの評価表の総合所見には次のように記されていた。「……実習には，問題意識と積極性が求められますが，残念ながらこちらの期待に応えられませんでした。とくに，問題意識という点では，フィードバックという方法で実習に積極的に取り組んでも

らおうと工夫をしたのですが,やや無理があったようです……」
　また,本人も,実習を振り返ってのレポートで次のような記述をしている。「目的意識と達成課題を強くもっていれば積極性も出てくるので,次回はもっと強くこれらをもって実習に臨みたいと思う」

　この事例は,「何を学ぶか」が明確に決まっていないということから始まり,結局,実習先を選択した理由も不明確のままで,実習自体の明確化が図られなかったために,厳しい評価を得てしまったケースである。①「社会福祉を全般的に理解するために福祉事務所にいきたい」という漠然とした実習への意識のままで実習に臨んでしまったこと,②福祉事務所とはどのようなところか,現在どのような問題を抱えているか,どのような状況にあるか等の事前学習を含めた実習の課題を整理し確認できないまま実習にいってしまったこと,③自分自身のなかでなぜ社会福祉援助技術現場実習にいくのかが不明確なまま実習にいってしまったこと,④実習中に福祉事務所での実習の意義を見出せないまま終わってしまったこと,などが問題としてあげられる。

　この2つの事例からもわかるように,社会福祉援助技術現場実習にとって必要なモティベーションは,この実習がたんに社会福祉士受験資格を取得するだけではなく,ソーシャルワークという社会福祉援助技術を通して援助を行う専門職の実習であるということを踏まえ,ソーシャルワークを学ぶために,具体的な学習目標,達成課題は何かということを明確化するということである。もちろん,モティベーションは,前記のとおり,「内的過程」であるため,最終的にモティベーションをどうもてるかは学生自身にかかっている。この達成課題は,以下のように整理できる。「①社会福祉施設・機関を利用する人々を理解する。②社会福祉施設・機関の機能と役割

を理解する。③社会福祉施設・機関に働く人の職種や職能を理解する。④社会福祉施設・機関に働く専門職員の援助の実際を観察し，援助活動を体験する。⑤社会福祉施設・機関と他の施設・機関との関係及び連携について理解する。⑥社会福祉施設・機関を利用する人々と家族との関係や支援のあり方について理解する。⑦施設・機関と地域社会のあり方を学ぶ。⑧実習生として自分を見つめ，社会福祉専門職への進路を問う」(宮田ほか編 [1998])。

4 実習前の自己覚知の必要性

4-1 自己覚知 (self-awareness) とは

大塚達雄は「普通，人間は他人をみるとき自分の価値基準や感情に影響されやすく，しかも，そのことにみずから気づきにくい。もしワーカーが，クライエントとの対人関係に自身の先入観的態度を持ち込んだり，自然のままに自分の感情で相手を律するなら，容易に人を受容できないし，正しく理解できない」と言っている（仲村・岡村ほか [1988] p.202）。このような意味から，人が人を援助するという対人援助をその活動の基軸としている社会福祉においては，援助者はまず自分自身について，ありのままの自分自身の姿（心理・心のありよう，行動，価値観など）に気づくことが求められている。このことは，実習生についても同様である。

実習生は，実習を通して利用者理解を深めたり，これまでの福祉観・障害者観を改めたり，ときには利用者との関わりを通して自分自身の心のありように気づかされる。次に示すのは，実習を終えた学生が振り返りをしたときの文章の一部である。

「障害は個性であるという考え方があり，障害そのものが個性といえるかどうかは別にして，障害がない人も障害がある人も誰一人

として同じ人はいないのです。身体の大きさ，性格，運動能力，言葉の理解力などはもちろん，細かいことに関しても千差万別の存在であるし障害の有無にかかわらず，みんな違う存在であると思います。しかし一方では，人間は障害者と健常者という『障害』の有無に関する違いよりも『人間』としての共通項の方が多く，『私と何も変わらない人たち』と実習を通じて強く感じました。一人ひとりを心の内側から理解するためには，ゆっくりと一歩一歩，歩みよりコミュニケーションをとりながら，心から相手を受け入れようとしなければ理解することはできないと思います。また，利用者の力（能力）を開発育成し，発見し，その力を伸ばしてあげられるような援助こそが，相手にとって大切なことであるのだということと，相手に共感することで，心の距離は少しずつ縮まることを，この実習を通し学ぶことができたと思いました」。

「今，振り返ると多くの出来事があり過ぎたなぁと思います。そのなかでも一番衝撃的で，実にリアルで，迫力があったことといえば，トイレ介助（オムツ介助）です。これまで真正面から人が用を足している場面を見たことがあるわけもなく，赤ちゃんや幼児ではない，成人した人たちの尿や便のついているオムツを替え，オシリや性器のまわりを清拭した時は，すごく人が重く大きくて，力強い生をもっているのだなということを感じました」。

「ある園生（男性）は，僕を見つけると，どこまでも追いかけてきて，僕の手を取り自分の頬にあて『パパーッ，ピピーッ，ププーッ』と喜びの声をあげました。長い時間にわたってそうし続けていたら，次に僕の手を握ったまま自分自身の頬を強くたたき始めました。何度も何度もそれをやるので僕はこの行動を自傷行為なのかも

しれないと思い、止めるように注意しました。それでも止めることはなく続けていました。僕はだんだんと自分の思うようにならない園生に不満がたまっていき、園生を殴ってやろうかとも思いました。そういった自分の心の狭さが情けなかったです。また、実習中には何度も自分の悪いところや弱さが見つかりました」。

　上記の学生の記述は、実習で感じたこと、考えたこと等の感想であり、実習で気づいたことであり、実習によって得た自己覚知の部分もある。社会福祉援助技術現場実習（以下「現場実習」とする）では、このような自己覚知を含むさまざまな気づきが重要なポイントとなる。そして、自分自身では気づいていないこと、本当は気づいているのに認めないこと、気づいているのに見過ごしていることなどを確認するためにも、実習中・後のスーパービジョンが必要となる。

4-2　自分自身とは
　対人援助の専門職をめざしている学生も学生である前に1人の人間である。人はこれまでの生活体験を通して、大なり小なり自分自身の過去や他者（人間だけでなく、権威・地位・役割なども含む）にとらわれていたり、縛られていたり、引きずられたりしている。そして、これらのことを自分自身のなかで自覚（意識）している場合もあれば、無自覚（無意識）の場合もある。

　自分自身が被虐待児であったという学生がいた。その学生は「自分は愛される対象ではない人間、自分なんか生まれてこなければよかったんだ」と話していた。そして摂食障害で苦しみ、その入院中に出遭ったのがキリスト教であった。学生は次のように語った。「私はキリストによって、生まれてはじめて自分が愛されていると

実感できました。自分のこのような経験を生かし，同じようなことで苦しんでいる人の役に立ちたいと思い，社会福祉学部を選びました」。

また，別の学生は身体障害者施設で実習を行ったとき，次のような実習場面を体験した。担当になったある居室に自分の父と同じ世代の利用者がおり，何かと学生のこれまでの生立ちについて質問をしてくる。この学生は幼児期に父母が離婚をし，母と2人で生活をしてきた経緯がある。これまで父母の離婚や父親のことについては，自分自身あまり気にしてはいなかったため，母にもほとんど話を聞かなかったという。実習を重ねていくうちに学生は徐々にその利用者を避けるようになり，その居室に入ることにも抵抗を感じるようになってしまった。

また，実習生ではないが，ある里親研修会において，講師が「自分自身の父親を思い浮かべてください」と参加した里親たちに投げかけ，その時に浮かんだイメージを参加者に尋ねた。するとある里親は「怒りです。今でも子どもの頃にされたことは許せません」と答えた。

ある精神科医は，自分自身の生立ち（過去）をどのように受け止めているのか，その受止め方によってその個人の生き方が変わってしまうという。そして「自分の過去と和解しているものはその過去が応援してくれるが，自分の過去と和解していないものはその過去が邪魔をする」といっている。

自分とはどのような人間か，自分はどうしたいのか，などのように自分自身を知ることは，現場実習にいく場合には欠かせないことである。自分の過去と向き合い，過去から現在に至る自分を認めていくことは，他者への援助を行う職種に就く場合はとくに重要なこととなる。それは，性格を直すことではないし，新たな自分を創造

することでもない。あるがままの自分を意識していくことが重要である。

4-3　心の4つの窓

人には対人関係のなかで図1-1に示したような4つの心の領域があるとされている。Iの領域は自分・他人も知っていて開放している領域，つまり自分の感情や行動・態度が他人と共有されている領域，IIの領域は自分にはわからず気がついていない領域，つまり他人は知っているが自分はまったく気づいていない感情や行動・態度の領域，IIIの領域は自分では知っているが，他人には知られていない領域，つまり他人には知られたくない領域，この領域は自分にとってふれられたくない事柄などがある領域，IVの領域は自分にも他人にもわからない領域，いわば未知の領域，つまり自分では意識できない無意識の感情や行動・態度の領域である。これまでに発揮できなかった過去の埋もれた経験の蓄積や自分自身が知らない能力など潜在能力や可能性の発見が起こる領域でもあるとされている。

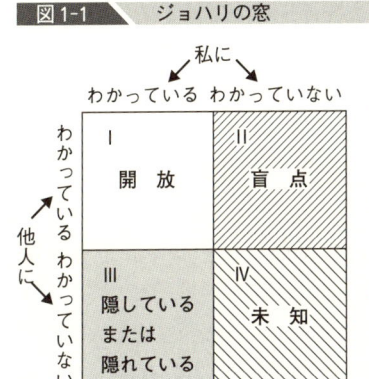

図1-1　ジョハリの窓

	私にわかっている	私にわかっていない
他人にわかっている	I 開放	II 盲点
他人にわかっていない	III 隠しているまたは隠れている	IV 未知

I…私（自分）・他人にもわかり、開放している領域。
II…私（自分）にはわからず、気がついていない領域で、自分の盲点といえる領域。
III…私（自分）は知っていても、他人にはわからない領域で、隠しているまたは隠れている領域。
IV…私（自分）にも、他人にもわからない領域で、いわば未知の領域。

(出所)　鈴木壽惠編［1997］『福祉保育実習〈施設実習実践編〉』酒井書店・育英堂, p.8より。

対人援助の専門職をめざす学生は，Ⅰの領域を広げ，ⅡとⅢの領域を狭くし，Ⅳの領域でのこれまで知らなかった自分自身を発見し，それを自他に開放していくことが求められている。そのためには，スーパービジョンなどを通して，他者（スーパーバイザー）から自分自身に対する気づきを伝えてもらうことが必要である。

4-4　援助を求めている人・対象者・利用者（クライエント）とは

　援助を求めている人とは，どのような状態にある人々なのだろうか。それは，たとえば，交通事故や病気により心身の正常な機能を失った人，死別や生別，別居により家族との生活の場を失い生きる希望をなくした人，産業構造の変化や経済不況に伴い職場を失った人である。また，自分自身の自己実現として，子育てをしながらも一生涯働き続けたいと思っていたが，社会の意識が「男は仕事，女は家庭」という考え方が支配している，保育制度が充実していない，家族の理解が得られない等のため仕事を続けることを諦めた人かもしれない。介護を受ける高齢者であり，その家族である場合もある。

　生活上に何らかの問題を有していて，自分自身で解決できない人，生活上の問題解決のために何らかのサービス等を必要とする人，自分らしい生活を送ることができない状態にある人々が，社会福祉援助の対象者・利用者となる。

4-5　実習中における利用者との関係（ソーシャルワーク関係）

　ソーシャルワーク関係とは，私的なまたは自然発生的な人間関係とは異なり，専門職としての援助者と社会福祉問題（課題）を抱えた利用者との専門職業的なまたは公的な人間関係を基軸に展開され

る。また,その展開は,問題解決という明確な目的をもち,その解決に向けて,意図的に,操作的に展開される関係である。そのため,目標達成とともにその関係は終結するものである。このようなソーシャルワーク関係は,実習における実習生と利用者との人間関係に置き換えることもできる。

実習中における利用者と学生の関係には,図1-2に示したようなお互いの意識と無意識の次元での相互作用がある。ここで気をつけておかなければならない点は3つある。①eの利用者から実習生への無意識である。ここから向けられる利用者から実習生への言動は,利用者は無意識であるため,時には激しい怒りや過大な期待などが込められている場合もある。たとえば先ほどの里親が利用者であった場合,実習生に父親のイメージを投影したときには,大変激しい言動に出てくる場合がある。これは「転移」といい,利用者の心理社会的な成長発達のためには,近親者以外の人(実習生)との間で,新しい人間関係を経験することはきわめて大切なことであり,ソーシャルワーク関係では必要なプロセスでもある。②fの実習生から利用者への無意識である。たとえば先ほどの里親が実習生であった場合,利用者が父のような人物であったとき,父親に対するこれま

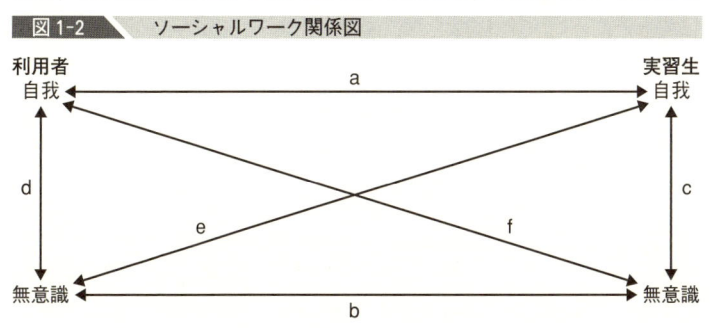

図1-2　ソーシャルワーク関係図

```
利用者                              実習生
 自我 ←――――――― a ―――――――→  自我
   ↑  ＼                    ／  ↑
   │    ＼                ／    │
   d      ＼  e      f  ／      c
   │        ＼        ／        │
   │          ＼    ／          │
   ↓            ＼／            ↓
  無意識 ←――――― b ―――――→ 無意識
```

(出所) 氏原・東山[1992] p. 178に加筆。

での激しい感情が（無自覚な場合）利用者に向けられ，利用者を責めて傷つけてしまうことがある。これは「逆転移」(counter-transference) といい，援助者自身が気づいていない逆転移はけっしてあってはならないことである。③bのお互いが無意識のなかでは，お互いがこれまで満たされてこなかったこと（コンプレックス）を，お互いの存在に投影しあい，欲求充足を求めるため，建設的なソーシャルワーク関係にならなくなる。たとえば利用者がこれまで親から満たされなかった幼児的レベルの愛情欲求を実習生に求めてきたとき（この欲求が擬似的な恋愛感情になる場合がある），一方，実習生が利用者の（無意識のうちに）恋人役になってしまい，その役を通しながら自分自身の寂しさを補う，または癒すものとなり，逆に利用者にその存在を求めてしまう場合がある（氏原・東山［1992］参照）。

　学生は実習のなかでいろいろな場面に遭遇し，いろいろな利用者と出会い，葛藤する。たとえば身体障害者療護施設で実習を行っていた学生が次のようなことを言った。「自分の担当になった20歳の利用者は，19歳の時に交通事故に遭い，下肢が完全マヒとなった。この利用者は用事のある時にだけ，『あれを取って持ってきて。これを押して』などと声をかけてくる。それ以外はこちらから挨拶をしても声をかけても無視をし，電動車イスで自分の前を通っていく。本当に自分勝手でわがままな人なんです。もう頭にきちゃう」。

　またある学生は，児童養護施設での実習1日目に担当居室の小学6年生の女の子から「あんたなんか嫌いだからこの部屋から出ていって。だれもあんたなか相手にしないよ。あんたを見ているとむかつくんだよ」と言われた。

　また別の学生は，実習最終日にこれまでお世話になった各部屋の先生と子どもたちに挨拶に回っていたとき，自分の担当していたなかでも最も関わりが多く関係ができていた小学4年生の女の子が，

その後をずっとついてきて「お前なんか早く帰ってしまえ。こちらからさよならだよ」と言っては背中を叩いてきた。学生は「一生懸命やったのに，最後にこのようなことを言われてショックでした」と言った。

　このように実習生は利用者からの感情を逆なでするような言動に，精神的に痛めつけられることがある。また実習生によっては子ども達の言動によって自分自身の過去のいじめられた体験を想起させられ，実習が続けられなくなるという事態になることもある。しかし，実習生は，こうした利用者（そうせざるを得ない利用者）の言動の背景を理解しておかなければならない。そしてこのとき，自分自身の感情がコントロールできない場合，その挑発に乗ってしまい失敗することがある。武田建は人間の言動の背景について次のように言っている。「どんな人であっても必ず未熟な点があり，弱いところがある。困ったとき，不安を感じたとき，どうしてよいかわからないときには，自分が過去において経験したようにしか考え行動することができないことが多い。このため，ワーカーに対して自分の親に対するような感情を抱くだけではなく，親に対する不満，怒り，甘え，依存といった感情をぶつけてくる」（武田・大利［1980］p.2）。

　実習生が言われた上記のような言葉の背景には，どのような感情が込められているのかを理解しなければならない。それとともに，上記のような言葉を投げかけられて実習生はどのように思ったか，どのように感じたかについて，自分自身に問いかけていくことが必要となる。

　援助者に求められる能力，心構えとして，北川清一は「ワーカーも生身の人間である以上，自分の言葉と自分の心が一致しないことが少なくない。しかし，そのような『ズレ』の矯正に努めることが，有能なワーカーになるための要件の1つといえよう。そのためには，

図1-3　援助者へのプロセス

自己覚知
（ありのままの自分の姿に気づく）
↓
自己受容
（正・負の自分自身を受け入れる）
↓
専門的統制
（自分自身の心の動きをコントロールする）
↓
専門的自己
（援助者）

（出所）　高橋重宏氏の「感受性訓練研修会」
1989年4月23日より。

ワーカーが，自分自身の性格，とくにその限界と短所について，また，自分自身の育った文化について理解し，かつ洞察できるように努めることが求められる」と言っている（山崎・北川［1998］p.49）。

このようなことからも，図1-3に示したように，援助者はありのままの自分の姿に気づき（自己覚知），それを受け入れ（自己受容），負の感情をコントロール（専門的統制）し，専門的自己を確立する必要がある。そのためにも，対人援助の専門職をめざす学生の自己覚知は必要不可欠なことであり，そのためにはスーパービジョンは欠かせないものである。

5　機関実習と施設実習の知識

5-1　実習内容

社会福祉士の業務は，専門的知識および技術をもって，身体上もしくは精神上の障害があることまたは環境上の理由により日常生活を営むのに支障がある者の福祉に関する相談に応じ，助言，指導その他の援助を行うこと（**相談援助**）である（社会福祉士及び介護福祉

士法2条1項)。このことから，現場実習の実習内容の基本は**相談援助業務**を中心としたものとなる。そのため，たとえば特別養護老人ホームでの実習では，その対象となる職種は「生活相談員」となる。ちなみに，「介護福祉士」の実習では，職種は「介護職員」である。このように，実習の対象となる職種は，施設の種別ごとにそれぞれ規定されている（たとえば短期大学〔指定科目履修〕を卒業し，実務経験2年で社会福祉士国家試験の受験資格が与えられるが，この「実務経験」も指定施設と職種が規定されている。たとえば，児童養護施設では「児童指導員」，知的障害者授産施設では「生活支援員」など）。しかしながら，とくに入所（生活）型の施設（たとえば知的障害者授産施設，児童養護施設など）においては，言語を媒体とした相談援助または相談室による相談援助だけではなく，利用者との日常生活（作業活動，余暇活動，生活指導，介護業務など）の場面のなかで相談援助を行うこともある。また，とくに重症心身障害児施設，特別養護老人ホーム，知的障害者更生施設，身体障害者療護施設などでは，身体的ケア（ケアワーク的）を媒介とした援助も並行して，相談援助業務の職員（生活支援員，児童指導員）が行っていることがある。

5-2 実習施設の範囲

現場実習として厚生労働省で指定している実習施設の範囲は，表1-1に示したとおりである。これらの実習施設は，施設機能や利用者の状況などによって，次のような4つに分類することができる。①入所（生活）施設型（母子生活支援施設，児童養護施設，身体障害者更生施設，救護施設，婦人保護施設，知的障害者授産施設，特別養護老人ホームなど），②通所施設型（老人デイサービスセンター，知的障害児通園施設，知的障害者通園施設，児童デイサービス事業，老人デイサービス事業など），③相談・現業機関型（児童相談所，身体障害者更生相談所，福

表1-1　指定科目「社会福祉援助技術現場実習」の実習施設の範囲

	指定施設および事業
児童福祉法	児童相談所，母子生活支援施設，児童養護施設，知的障害児施設，知的障害児通園施設，盲ろうあ児施設，肢体不自由児施設，重症心身障害児施設，情緒障害児短期治療施設，児童自立支援施設，指定医療機関（重症心身障害児施設，肢体不自由児施設）
医療法	病院，診療所
身体障害者福祉法	身体障害者更生相談所，身体障害者更生施設，身体障害者療護施設，身体障害者福祉ホーム，身体障害者授産施設，身体障害者福祉センター（A型，B型，在宅障害者デイサービス施設）
生活保護法	救護施設，更生施設，授産施設
社会福祉法	福祉に関する事務所（福祉事務所），市町村社会福祉協議会の事務所
売春防止法	婦人相談所，婦人保護施設
知的障害者福祉法	知的障害者更生相談所，知的障害者更生施設，知的障害者授産施設，知的障害者通勤寮，知的障害者福祉ホーム
老人福祉法	老人デイサービスセンター，老人短期入所施設，養護老人ホーム，特別養護老人ホーム，軽費老人ホーム，老人福祉センター（特A型，A型），老人介護支援センター，老人デイサービス事業
母子及び寡婦福祉法	母子福祉センター
独立行政法人国立重度知的障害者総合施設のぞみの園法	独立行政法人国立重度知的障害者総合施設のぞみの園
介護保険法	介護老人保健施設，地域包括支援センター
障害者自立支援法	児童デイサービス事業，障害者デイサービス事業
老人福祉法，障害者自立支援法	地域福祉センター＊

＊　高齢者または身体障害者に対し老人福祉法第10条の4第1項第2号に規定する便宜または障害者自立支援法附則第8条第1項第6号に規定する障害者デイサービスのうち同法附則第34条の規定による改正前の身体障害者福祉法第4条の2第3項に規定する身体障害者デイサービスを供与し，あわせて高齢者，身体障害者等に対する食事の提供その他の福祉サービスで地域住民が行うものを提供するための施設

祉事務所，婦人相談所，知的障害者更生相談所，老人介護支援センター，母子福祉センターなど），④プランナー型（社会福祉協議会の事務所など）である。

5-3 実習形態

[1] 集中方式，通年方式，分散方式　　現場実習での実習時間数は180時間以上と規定されており，1日8時間で計算すると実習は23日以上行わなければならないことになる（入所施設型の場合，夜勤業務などがあるので1日8時間とは限らない）。この時間数をクリアーするための方法として，**集中方式，通年方式，分散方式**の3つの方式が一般的である。

(1) **集中方式**　　ある時期の一定期間に集中的に行う方法（たとえば8月，9月に1週間に2日程度休日を入れ集中的に行う）。この方式の長所は，一定期間集中的に行われるので，施設・機関の組織，機能，運営の実態および週間・月間のサイクルについて総体的理解が得られることである。また，職員や利用者と毎日顔を合わせるので信頼関係の形成には役立つといわれている。一方，短所は，施設・機関の年間の流れや利用者や利用者集団の変化・成長を理解することが難しい。また，途中で実習課題やモティベーションが低下した場合の軌道修正が困難であることといわれている。

(2) **通年方式**　　毎週決められた曜日に定期的に実習先に通って行う方法（たとえば5月から10月にかけて毎週水曜日に定期的に通って行う）。この方式の長所は，長期間にわたって施設・機関と関わるためそれらの年間にわたる取組みや流れを把握することができる。さらに実習と理論学習を並行させて進められるため，実習課題を途中で軌道修正および発展させることができ，また利用者や利用者集団の変化・成長をみることができることといわれている。一方，短

所は，実習が長期にわたるためモティベーションを持続させることが難しく，また決められた曜日に実習を行うため，施設・機関の週間・月間の流れを把握することが困難であることといわれている。

(3) **分散方式**　実習時期をいくつかに分けて行う方法。この方法にも分散集中型（たとえば集中方式を2回〔4月に5日間・40時間，8月に18日間・140時間〕分けて行うなど）や集中・通年混合型（たとえば5月に5日間・40時間集中方式で行い，6月から10月〔週1日〕にかけて通年方式で行うなど）がある。この方式は，集中方式，通年方式それぞれの長所を生かし，短所を解消する方式として取り組まれてきているが，実習期間（実習時間）を十分に（規定時間をある程度超過して）とらないと，各方式の長所が生かされなくなり，中途半端な実習となってしまう危険性がある。

［2］宿泊（泊込み）方式と通勤方式

現場実習では実習施設の範囲が規定され，既述したようにその分類として，入所（生活）施設型，通所施設型，相談・現業機関型，プランナー型がある。このなかでは入所（生活）施設型においては，利用者の生活の場での実習となるので，実習生の宿泊設備がある場合，**宿泊（泊込み）方式**で行うことがある。また，施設によっては宿泊方式を必須にしていることもある。この長所は，施設内に宿泊することにより利用者の生活を24時間把握することができ，また利用者個人の1日の変化（とくに早朝・昼・夜間など）を知ることができる。さらに，利用者と寝食をともにすることで信頼関係の形成に役立ち，また「施設生活」をしている利用者の心理を理解することができる。一方，短所は，とくに実習当初は「実習生」としての立場に慣れていないうえ，日常生活（24時間）までもが新しい環境のなかで過ごすことにより，大変なストレスとなることがある。そのため体調を崩すことがあり，とくに集中方式の場合，実習の継続が困難になる場合が

ある。

一方,入所(生活)施設型の一部を除いては,**通勤方式**の実習となる。この方式での入所(生活)施設型での実習の場合は,日々の実習時間帯が職員の交代勤務に準じて変則的になることが多い。たとえば,特別養護老人ホームでは,日勤(8時30分から17時30分),早番(6時から15時),遅番(11時から20時),夜勤または宿直(17時から翌日9時)などである(勤務形態や時間帯については施設ごとに異なる)。これ以外では,通所施設型(デイサービスなど),相談・現業機関型(福祉事務所など),プランナー型(社会福祉協議会)などは,その開設時間(職員の勤務時間)に準じて実習時間帯が設定されていることが多い。この方式での長所は,これまでの日常生活リズムに大きな変化を来すことはなく,また実習時間帯とそれ以外の時間(私的時間)の区別が明確で,1日の生活にメリハリがつき,リフレッシュしやすい。一方,短所としては,実習施設が通勤可能な場所という,地理的条件の制約を受けることになる。また,とくに入所(生活)施設型においては,宿泊方式と比較した場合,利用者との関わりが希薄になり,また,利用者個人の1日の変化を把握することが困難である(北星学園大学社会福祉学部［1999］)。

6 社会福祉援助技術現場実習とは

社会福祉援助技術現場実習は,①学校が特定した実習先にいく場合,②自分で実習先を開拓する場合,がある。①の場合は必ずしも自分の希望する実習先にいけない場合もある。また,②の自分で開拓する場合も,社会福祉系大学,短期大学,専門学校がたくさんあるため,学校から依頼された場合ではないと受けてくれない施設があったり,すでに学校からの依頼で一杯だったりという問題があり,

なかなか希望の施設種別にいけないことが多い。

　社会福祉援助技術現場実習を行うにあたって重要なことは，実習先の種別を選択するだけではなく，①自分がなぜ実習をしたいのか，②その実習先で何を学びたいか，③日頃の学習と実習をどう結びつけられるか，などを確認していくことである。

　どのような種別の実習先であっても多くの学生にとって，はじめての経験である。また現場に就職している学生や，ボランティア等ですでに現場を少しは知っている学生にとっては，自分が知っている施設以外の種別を経験する機会である。現場で何を学べるかは，受入れ先の施設の問題ではなく，実習にいく学生の問題である。実習前に，自己覚知，モティベーション等を確認しておくことが必要である。

● 演 習 問 題 ●

1 自分自身について，具体的にどう思っているのか，どう把握しているのかをレポートにまとめよう。①自分の性格について，②自分の性格で好きなところ，嫌いなところ，③日常生活上の問題点（たとえば時間にルーズである，整理整頓ができない等），④他者との関わり方（年上の人に対して，同年代の人に対して，年下の人に対して，異性に対して等），⑤その他，具体的なテーマを設定して書いてみよう。

2 6人程度でグループをつくり，**1**で書いたレポートをグループ内で発表してみよう。自分の書いた自分自身についてのレポートに対して，他の人はどう思ったかをフィードバックしてもらおう。

3 なぜ社会福祉援助技術現場実習にいくのか，何のために社会福祉援助技術現場実習を行うのかについて，自分自身の気持ちをレポートにまとめよう。

4 6人程度のグループをつくり，**3**で書いたレポートをもとにグループ内でなぜ社会福祉援助技術現場実習にいくのか，何のために社会福祉援助技術現場実習を行うのかについての意見を交換してみよう。他の人はどう思っているのかを聞いて，自分の考えを振り返ってみよう。

5 理想的な社会福祉援助技術現場実習についてのイメージをレポートにまとめてみよう。

6 6人程度のグループをつくり，**5**で書いたレポートの内容について，なぜそのようなイメージをもつのか，イメージ通りの実習ができなかった場合に，自分はどのように対処すると考えられるかを話し合ってみよう。

7 6人程度のグループをつくり，介護実習，保育士実習，見学実習，体験学習，ボランティアと社会福祉援助技術現場実習の相違についてどのようなイメージをもっているかを話し合ってみよう。

■ 引用文献

秋山智久［1993］「人間存在と愛──社会福祉学の視点より」『第4回社会福祉士セミナー講演集』

荒川義子編［1991］『スーパービジョンの実際』川島書店

氏原寛・東山紘久［1992］『カウンセリング初歩』ミネルヴァ書房

喜多祐荘・安藤順一・平中忠信・田中利宗編［1996］『福祉を学ぶ福祉を支える』ミネルヴァ書房

久保紘章・高橋重宏・佐藤豊道編［1998］『ケースワーク』川島書店

武田建・大利一雄［1980］『新しいグループワーク』YMCA出版部

仲村優一・岡村重夫・阿部志郎・三浦文夫・柴田善守・嶋田啓一郎編［1988］『現代社会福祉事典』全国社会福祉協議会

日本社会福祉実践理論学会編［1993］『改訂版 社会福祉実践基本用語辞典』川島書店

北星学園大学社会福祉学部編［1999］『社会福祉実習要項』(1999年度版)

宮田和明・川田誉音・米澤國吉・加藤幸雄・野口定久編［1998］『三訂 社会福祉実習』中央法規出版

山崎美貴子・北川清一編［1998］『社会福祉援助活動』岩崎学術出版

Biestek, F. P.［1957］*The Casework Relationship*, Allen and Unwin. (尾崎新・福田俊子・原田和幸訳［1996］『ケースワークの原則』〔新訳版〕誠信書房)

2章 ソーシャルワーク実習の前提となる価値・知識・技術

本章で学ぶこと

　社会福祉援助技術（ソーシャルワーク）の現場実習は，これまで講義や演習で学んできた**ソーシャルワークの価値・知識・技術**が，現場のなかでどのように統合され，実践されていくのかをじかに学ぶものです。実習前に，ソーシャルワークの目的は何か，どんな枠組みで，何を基盤に実践されているかについて，もう一度整理し理解しておきましょう。

　本章では，まず**ソーシャルワークの目的**を明らかにし，ソーシャルワーク実践の重要な要素，価値・知識・技術が具体的に何を示しているのか，またこれらの概念が実習場面でどのように現れるのか考えます。そして，価値・知識・技術がソーシャルワークの実践的枠組みのなかにどのように位置づけられているかというソーシャルワーク実践の体系について学んでいきましょう。

1　ソーシャルワークの目的

　日本ソーシャルワーカー協会倫理綱領の前文には,「われわれソーシャルワーカーは,平和擁護,個人の尊厳,民主主義という人類普遍の原理にのっとり,福祉専門職の知識,技術と価値観により,社会福祉の向上とクライエントの自己実現を目ざす専門職であることを明言する」とうたわれている。ここに明記されているように,福祉専門職の価値・知識・技術はソーシャルワーク実践の基盤である。そしてこの基盤に拠って,福祉専門職者は,社会の福祉の向上とクライエントの自己実現を支える。

　ソーシャルワーク専門職は,社会変革,人間関係から生じる問題の解決とそのエンパワーメント,および人々の権利擁護・拡張を促進することによって幸福を追及する。ソーシャルワークは,人間の行動および社会システムに関する理論を用いて,人と環境の相互作用に介入する。人権および社会正義の原理はソーシャルワークの基盤である。これは,2000年7月に採択された国際ソーシャルワーカー連盟のソーシャルワークの定義である。ヘプワースとラルセンは,ソーシャルワークの目的を次のように整理している。①人が問題を解決したり困難な状況に対処する能力を高めていくことを援助する,②人が資源を得ることを援助する,③組織が人に対して責任をとるようにする(人の権利が社会や組織のなかで守られるようにする),④環境における個人と他者との相互作用を促進する,⑤組織や機関の相互作用に影響を与える,⑥社会と環境の政策に影響を与える(Hepworth and Larsen [1993])。

　これらソーシャルワークの目的は,ソーシャルワークの価値・知識・技術を基盤とする実践によって実現される。次に,その基盤と

なる価値・知識・技術について整理してみよう。

2 ソーシャルワーク実践における価値・知識・技術

　価値・知識・技術は，ソーシャルワーク実践の重要な要素である。では，この価値・知識・技術はソーシャルワーク実践のなかでどのように位置づけられるのだろうか。まず，3つの要素を明確にし，それぞれがソーシャルワーク実践においてどのような役割を果たしているかをみていこう。

2-1　価　　値

　「ソーシャルワークは専門職のなかでも最もその価値に依拠し，価値を基盤とする職業である」(Gordon [1965]) といわれるように，価値は，ソーシャルワーク実践の本質に関わるものである。ところがソーシャルワーク実践において，ソーシャルワークの価値に積極的に焦点が当てられることは少なかった。講義や演習のなかでもソーシャルワーク実践に必要な知識や技術（スキル）について多くの時間が割かれている一方，価値についてはそれほど多くの時間が割かれていない場合が多い。しかし価値は，ソーシャルワーク実践の本質に関わるものであり，価値と切り離して実践を述べることはできない。ソーシャルワークの価値とは何を意味するのだろうか。まず価値について整理してみよう。

　価値とは，「何が望まれる (desirable) か」や「何が善 (good) であるか」という質的判断の基盤である。人はさまざまな状況において，どのように考えるか，どのように行動するかを選択している。つまり価値とは，ある状況において判断をするときに，何が優先さ

れるべきか,何を優先するべきかということを示すものである。

たとえば,サッカー好きな人が,楽しみにしていたサッカーのワールドカップを見にいこうとしたちょうどその時,親友の1人から電話がかかってきた。「どうしても緊急に相談にのってほしいことがある,私はもうだめだ」という。声の調子から,友達が大きな問題にぶつかっていることはすぐ理解できた。しかし,ワールドカップのチケットは,知り合いに頼んでやっと手に入れた,しかも高額なものだった。ワールドカップに行くか,友人と会って話を聞くことを優先させるか——この選択の際,決断の基盤となるものがこの人のもつ価値観である。

人間の行動は,その人のもつ価値の総体(価値体系)によって影響を受けているが,個人のもっている価値を直接知ることはできない。先の例のように,その人のもつ価値は,その人の行動に表出されたものを通して推論できるだけである。

また価値は,歴史的,時代的,文化的,社会的背景といったさまざまな条件のもとで形成され,そのなかに生活する人々が一般的に承認するものである。個人や社会にとって,望ましい,好ましいとされるものは,その社会的,文化的,宗教的,時代的背景によって異なっているし,時代によっても,国によってもその価値観はさまざまである。ましてや,価値観が多様化している現在,すべての人の共通理解として価値を定義することは困難な作業である(Pearce[1996])。

しかし,価値には,人間が本質的に有する**普遍的価値**がある(Bartlett[1970])。それを**究極的価値**という。

[1] **究極的価値**　　人に関わるソーシャルワーク専門職のもつ価値は,「人」が普遍的に有する究極的価値に基づくものである。ソーシャルワークの究極的価値としてあげられるものは,①人間の

尊厳,個人の尊重,②人間の発達の可能性,③人間の社会性(社会的責任),の3つである(Butrym, 1976)。

(1) 人間の尊厳,個人の尊重 人間の尊厳は,ソーシャルワークにおいて最も古く,最も広く保持されている価値である(Bartlett[1970])。一人ひとりの人間が,かけがえのないものとして尊重され,人はみな平等でありどの個人も尊厳をもっているものとして扱われる——これはどの社会においてもまたどんな文化においても本質的な価値として認められるべきものである。したがって,社会のなかの生産性や経済活動に貢献する能力のある人のみが価値ある人間として認められるというものではない。高齢であっても,障害をもっていても,すべての人間は皆,価値ある存在だというものである。つまり,生まれ,民族,社会的立場,財産,障害の有無等にまったく関わらないところに価値をおくのである。

(2) 人間の発達の可能性 人間の発達の可能性とは,人はたえず成長していくことによってのみ,自分のもっている潜在的可能性を達成することができるというものである。全米ソーシャルワーカー協会実践検討委員会は,価値を「各個人のもっている発達への可能性を,生涯を通して最大限に実現すること」と表現している。この発達の可能性は,抑圧された人や貧困状態にある人のように社会的不利を負っている人,障害や病気をもつ人などに対しても普遍的に適用されるものである。

たとえば,重い病気のため人生の幕を閉じようとしている人であっても,その人は生きているのであり,その人は変化する力や成長する可能性をもっている。また,幾度となく非行を繰り返す少年に対しても,その少年が成長し変化することを信じるのである。

一人ひとりが尊重されることから,各人のもつ成長への潜在的可能性の実現が主張される。そしてこの潜在的可能性は,たえず成長

していくことによってのみ達成させることができる。「成長」も「潜在的可能性」も，将来を指向するものである。ソーシャルワークがこの「成長」を1つの価値とすることによって，ソーシャルワーカーは，人の過去に注意を向けることから，人の努力やそのもっている潜在的可能性を実現していくための社会的条件をつくり出していく必要性，つまり現在と未来とへ注意を向けるようになった。そのため社会変革や環境への働きかけが，ワーカーの働きの重要な部分となったのである。

全米ソーシャルワーカー協会の倫理綱領でも，ソーシャルワーカーは人が生活していくうえで問題を生じさせている環境に注意を向けなければならない，と記されている。「人」に対して価値を認め，その人の成長する可能性を認めていくことは，ソーシャルワークの価値の重要な部分である。

(3) 人間の社会性　　各個人の尊重，各個人の自己実現と同様，人は他の人が自己実現していくことも尊重しなければならない。人は他の人との相互関係のなかで生きているため，みずからの成長過程の方向に責任をもつという，社会的責任を負うのである。つまり，人間の社会性とは，個人がみずからのニーズを見出していく際，社会にあって他の人が同じようにみずからのニーズを実現していくための責任をもつということである。

言い換えると，人は自分の自己実現のために，他人の権利を侵害したり剥奪してはならないということである。「自分さえよければ」「自分の思いどおりになれば」という考え方は，たとえそれが自己実現のためであっても，社会に対する責任を無視していることになる。日常生活の小さな例をあげると，電車内の携帯電話の使用についても，心臓のペースメーカーに影響がないかとドキドキしている人がいるということを知っていれば，自分のわがままを通しておし

ゃべりを続けることは当然控えなければならないということである。私たちは，社会のなかでともに生きている人たちのニーズを実現していくことに対しても，責任を負っているのである。

全米ソーシャルワーカー協会は，個人の尊厳と社会性の尊厳を，倫理綱領（Code of Ethics, 1996年）のなかで，「ソーシャルワークのミッションは個々人の幸福（well-being）と同時に社会全体の幸福（social welfare）という二重の関わりをもつ」と明記している。ソーシャルワークの価値は，人間一人ひとりの固有な価値と尊厳に基づき，各個人の成長する潜在的可能性の実現をめざすものである。そしてそれは，将来に向けての成長を志向し，その方向に対しては社会的存在としての責任と社会性の尊厳を含むものであるということができる。

[2] **手段としての価値**　　人間の尊厳，人間の発達の可能性，人間の社会性，これらはソーシャルワークの価値のうち「究極的な価値」である。ここから，究極的な価値を実践において実現していくための価値，「**手段としての価値**」が導き出される（Pumphrey [1959]）。

手段としての価値のなかには，究極的価値から直接導き出される価値と，より具体的な実践上の価値の2種類がある。さまざまな整理の仕方があるが大きく分けると次のようなものになる。

(1) **個別化**　　ソーシャルワーカーは，一人ひとりの人間が価値ある存在であり尊重されなければならないと確信することから，個性をもった固有の存在としての人を認める。同じような状況にあるクライエントであっても，また同じような問題やニーズをもっているかのようにみえるクライエントであっても，その人は他の人と同じではない。クライエント個人が問題をどのようにとらえるか，何を求めているかは，クライエントの価値観，経験，思考パターンや

生活背景によって異なっている。したがって，固有の存在としてクライエントの視点から問題を探求しなければならない。

一人暮らしの高齢者に給食サービスや，家事援助サービスをすることが高齢者の自立を援助することであると一辺倒に思い込み，どんな高齢者に対しても同じサービスを提供することは問題である。一人ひとりのニーズは異なっており，それぞれの人が援助を必要とするところに関わるべきである。ある人は散歩に出ることを，ある人は話し相手を求めているかもしれない。また，1つのケースで成功した援助方法が，よく似た他のケースに当てはまるとは限らない。ソーシャルワークのアセスメントも，クライエント一人ひとりを個別にとらえたものでなければ，援助に結びつけることはできない。

(2) **自己決定** 自己決定は，クライエントの尊厳と人の成長する可能性を確信することから導かれる。人には，自分で問題を解決していく能力があるということを信じ，クライエントみずからが選択し，決定していくことをサポートするのがソーシャルワーカーである。自己決定は，ソーシャルワーカーがクライエントに代わって決定するのではなく，クライエントが，自分の生活のなかでみずからが責任をもって選択・決定していくことである。

たとえば，障害をもつ学生が，大学の近くに下宿して自立した生活を送りたいと思っていても，親が1人では無理だ，周りに迷惑をかける，という理由で自立を認めないケースや，自立した生活を送っている高齢の母親に対して，もうそろそろ老人ホームに入ってくれと無理やりに施設に入居させる子どもたちのケースは，本人の自己決定を認めない例である。自己決定は，個人の尊厳と成長する可能性に裏づけられたものであるから，クライエントの周りの意見を重視するのではなく，クライエントの自己決定による自己実現のために，今何が必要かという側面から援助しなければならない。また，

クライエントの自己決定に社会的責任が伴うことは当然のことである。

(3) **秘密保持**　秘密保持はクライエントの尊厳，基本的人権に基づくものである。ソーシャルワーカーが得たクライエントについての情報は，ワーカーという専門的立場のゆえである。専門的関係によって知りえたクライエントに関わる秘密やプライバシーは，これを保持しなければならない。

ビネット 5

秘密保持に違和感をもったAさん

　Aさんは，児童相談所で非行を繰り返す少女B子の話し相手となっている。なかなか心を開いてくれなかったB子だったが，しだいに自分が家庭のなかで居場所がないこと，とくに父親とうまくいかないこと，母親が助けに入ってくれないことなどを話すようになった。母親との面接に同席した際，母親はワーカーに，B子は父親の子ではないこと，今一緒に生活している父親もB子自身も，そのことを知らないと打ち明けた。面接が終わってからスーパーバイザーに意見を求められたAさんは，「実の親子でないのだから，B子が父親と健全な関係をもてるはずがない。B子の苦しみは母親の責任であると強く思う。この問題は，本人や父親に本当のことを話さなければ解決しないのではないか，それが無理なら他の機関に依頼して，本当の父親を探してみてはどうか」と答えた。

　ワーカーはクライエントの信頼関係が深まっていくなかで，クライエントから秘密やプライバシーに関わる話を聞くことがある。ワーカーとクライエントの関係のなかで知らされた秘密については，そのことが現在の問題を起こしている原因となっていたとしても，ワーカーが一方的に家族や第三者に知らせてはならない。外部関係者や他機関から要請があった場合でもクライエントの情報は原則と

して提供すべきではない。日本ソーシャルワーカー協会倫理綱領には「ソーシャルワーカーは，クライエントや関係者から事情を聴取する場合も，業務上必要な範囲にとどめ，プライバシー保護のためクライエントに関する情報を第三者に提供してはならない。もしその情報提供がクライエントや公共の利益のために必要な場合は，本人と識別できる方法を避け，できれば本人の承認を得なければならない」とある。クライエントの秘密保持，情報収集については慎重でなければならない。

(4) 受容的関係　クライエントはありのまま受け入れられなければならない。これは，人間の尊重と成長する可能性を信じるという究極的価値から導かれるものである。価値ある人間としてクライエントを受け入れる——これは，クライエントの行為や考え方を一方的に非難したり審判しないことである。また，たとえクライエントがワーカーの属するグループ（民族，地域，志向等）と違うグループに属していたとしても，また，クライエントのもつ価値観とワーカーのもつそれとが異なっていても，差別したり，不利益を与えたりしてはならない。受容的な関係のなかから，クライエントは自分自身を見つめ，何が必要であるかを気づいていく。そこから，ワーカーが専門家として何をすべきかが明らかになってくるのである。

たとえば，母親がアルコール依存症の母子家庭の中学生の女子が，おこずかい稼ぎのために援助交際をし，妊娠，中絶を繰り返しているケース，HIVに感染している同性愛者が新しいパートナーに感染の事実をどう告げるか悩んでいるケースを考えてみよう。あなたは，このようなクライエントと向き合い話を聴くことができるだろうか。面接に同席させてもらったものの，クライエントに対して嫌悪感をもってしまったり，クライエントに共感できないことがあるかもしれない。クライエントと受容的関係を形成することは常にみ

ずからの価値観やソーシャルワーク実践における姿勢を問われるものである。

(5) 基本的ニーズを満たすための社会変革と社会正義　社会のなかで価値あるものとして生きる個々人は、その基本的ニーズが満たされなければならない。平等、機会の均等、資源への公平なアクセスは、クライエントの基本的ニーズを満たすうえで重要である。クライエントにとって適切な資源が利用できるようにしたり、必要な資源を開発していくことは、クライエントの自律的な生活を支えるために必要である。さらに、不利な状況を生み出している社会に対して、ソーシャルワーカー自身がその社会、制度、組織に対して積極的に関わり、社会変革や社会正義を追求すること、またクライエントに対するエンパワーメントもワーカーの重要な役割である。

2-2　知　　識

価値が、人々に対する態度や自分自身の行動自体に影響するものとすれば、知識はその人を理解し、その人のニーズを知ることに関わるものである。ソーシャルワーカーは、人と環境との間の相互作用のなかで起こるさまざまな不調和に関わっていく専門職者である。したがってソーシャルワークの知識は、まずクライエントとその状況を評価し、どこに問題があるのか、どういった介入が必要であるかを判断し、さらにクライエントのニーズを満たすためサービスシステムを開発したり社会政策やその変革に関わっていく際に必要なものである。

ヘプワースとラルソン、ブラウンに従って知識を分類すると次のようになる（Hepworth and Larsen [1993], Brown [1996]）。

① 環境のなかの人とその行動について理解するための知識
② ソーシャルワーク実践方法に関する知識

③ 社会システム，サービスシステム，社会政策に関する知識

[1] 環境のなかの人とその行動について理解するための知識

　国際ソーシャルワーカー連盟は，「ソーシャルワーク専門職は，複雑な状況を分析し，かつ個人，団体，社会および文化の変革を促進するために，人間発達と人間行動，さらに社会組織の理論を活用する」と明言している（2000年7月）。そもそも社会環境のなかの存在としての「人」を理解していくためには，社会学，心理学，教育学，医学，精神医学などのさまざまな知識が必要である。環境のなかの人とその行動について理解するための知識には，2つの視点が含まれる。1つは，クライエントを理解するための人間行動や人間の発達過程に関する知識，もう1つはクライエントを環境や社会システムのなかでとらえるエコロジカルなアプローチについての知識である。

　(1) 人間行動や発達過程に関する知識　人間行動を理解するための心理学の理論として，社会福祉援助技術（ソーシャルワーク）に大きな影響を与えた理論はフロイトの精神分析理論である。フロイトは，人間の行動を，衝動的な無意識イド，現実的感覚をもつエゴ（自我），理想自我であるスーパーエゴ（超自我）の関係によって説明している。エゴは，イドとスーパーエゴとの間のバランスをとりながら，その行動を決定している。したがって，ソーシャルワーク援助では，クライエントのエゴを評価し，エゴを強めることで問題に対処していくことを可能とすることに焦点が当てられる。精神分析の理論はソーシャルワークの歴史のなかで見直しがなされているが，基本的知識としては重要なものである。

　行動そのものに焦点を当てるパブロフ，スキナー，バンデューラらに代表される行動理論は，人間の行動を環境や外的要因に対する反応として理解する。不安のコントロール，拒食症や吃音，その他

問題行動を減らす方法としての行動変容アプローチは行動理論から導かれている。

　また、エリクソンの発達心理学やピアジェの認知発達論は、人間の発達段階とその段階におけるさまざまな課題を理解することによって、クライエントが何を必要とし、どのような課題にぶつかっているのかを理解するうえで必要な知識である。エリクソンの発達過程は、発達段階に特有の課題を示している。とくに青年期をアイデンティティの危機ととらえ、危機を乗り越えていくことが自己発展や人格の発達に影響を与えると述べている。ピアジェの認知発達論は、人の認知は成長とともに段階的に発達し、その認知能力はその人と環境との相互作用によって発達、修正されるというものである。これらの理論は、子どもや家族を対象として働くソーシャルワーカーにとってはとくに重要であるといわれている。

　そのほかにも、集団や他者との関係において、人がどのように行動するかを理解するために、社会心理学の知識も必要である。また、精神的障害をもったクライエントの情緒的な問題に介入したり、問題の発生を予防するための根拠として、アブノーマル心理学等も必要である。

　このようにソーシャルワークは、人間やその行動を理解するため、科学を基本としたさまざまな知識を応用する。その意味でソーシャルワーカーに幅広い知識が求められることはいうまでもない。しかし、科学的知識が人間や行動のすべてを明らかにするものではない。人間の行動や価値観に影響を与える宗教や哲学なども人間理解には必要であり、そういった領域に関心を広げていくこともソーシャルワーカーには必要である。

(2) エコロジカル・アプローチの知識　さて、もう1つは、環境や社会システムのなかでのクライエントをとらえるためのエコロ

ジカル・アプローチである。

エコロジカル・アプローチは，社会福祉援助技術（ソーシャルワーク）に生態学の考え方を導入したものである。問題をもった「人」にのみ焦点を当てるのではなく，その人を「状況のなかにある人」としてとらえ，個人のもつさまざまなシステムとの関係のなかで問題を評価していく考え方である。つまり，個人と環境を別々のものとしてとらえるのではなく，1つのシステムとしてとらえる考え方である。

社会はさまざまなシステム（個人，その個人を含む家族，所属組織・機関や社会制度，地域社会，社会や文化）から成り立っている。エコロジカルな視点は，人と環境システムを次のようにとらえる。個人は環境のなかの他の人々やシステムとたえず関わり，影響し合っている。そしてその個人やシステムはそれぞれ固有なものであり（たとえばまったく同じ人が2人いることはなく，同じ家族や同じコミュニティが2つないように），おのおののシステム内の相互作用や，システムが他のシステムと相互にもつ関係は，それぞれ異なっている。個人のもつ問題は，その個人が環境やシステムとどのような関係にあるかに大きく影響されている。

家族関係やその経済状況，所属する組織との関係，地域でのソーシャルサポート，社会制度や文化のもつ価値観は，すべてその環境で生活している個人と関係をもち，影響し合っている。エコロジカル・アプローチでは，クライエントのもつさまざまな問題（家族関係の問題，医療・健康の問題，貧困の問題，教育上の問題等）を，環境との関わりのなかで評価する。クライエントと環境との間の何が問題となっているのか，環境のなかにクライエントのニーズを満たす資源があるのか，あるとしたら，その利用を妨げる要因があるのか，また問題となっている環境に，クライエントが対処できる力がある

のか等を評価していくことで、問題の本質を明らかにする。そして、ソーシャルワーカーはクライエントを適切な資源に結びつけたり、クライエントが環境からの圧力に向かっていけるように資源を利用したり、対処能力を高めていくのを支援する。

このように、クライエントが生活のなかでぶつかる問題や困難は、クライエントとクライエントをとりまく環境との関係、その相互作用のなかに起こるものである。個人のみに焦点を当てて問題の原因を追求してもそれは解決されない。ソーシャルワーカーは、人とその環境との相互作用に関わる専門職者である。クライエントのもつ問題を理解するためには、エコロジカルな視点に立って、クライエントをとりまく環境・システム全体を評価していく必要がある。

―ビネット 6―

エコロジカル・アプローチを理解していなかったCさん

　Cさんは、特別養護老人ホームで実習している。Cさんの担当する86歳の男性Dさんは、「どうしても家に帰りたい、長男に家に連れて帰ってもらえるように言ってほしい」とCさんに頼んだ。CさんはDさんとよい関係がとれていて、Dさんがとても優しい家族思いの人であること、これまでは家族に迷惑をかけたくないとホームに入所していたが、本当はどんなに自宅に戻りたいかよくわかっていた。あるとき面会に来た長男に、それとなくそのことを話すと、長男は「引き取る気はない」と強く主張した。詳しい理由も言わず、とにかく父親はここで最後まで看てほしいとの一点張りだった。Cさんは、長男家族は、経済的にもごく標準的な家庭であり、父親を引き取るのに大きな問題はないと判断し、何て冷たい家族だろうと腹を立てた。そして、長男に「どうしてDさんの気持ちをわかってあげないのですか」と迫った。ところが、長男はスーパーバイザーとの面接で、Dさんが若い時から、Dさんの妻に対しても子どもに対しても暴力を振るっていたこと、そのため弟が家出をして今なお行方不明であること、Dさんが生活費を入れてくれ

ないため，Dさんの妻や子どもたちがパートやアルバイトで生活費と学費を出していたこと，Dさんのつくった借金を長男がいまだに返済していて，時間的にも，経済的にも，そして精神的にも家で看るのは難しい，たとえ年老いた父親であってもすんなりと受け入れられないという胸の内を訴えた。

Cさんは，クライエントしか見ていなかった。このケースで必要だったのは，何としても帰りたいというDさんの希望を実現するために家族を説得することではなく，家族関係をどのようにして修復していくかであった。Dさんの側からの一面的なアセスメントだけでは問題の本質はみえてこない。Cさんはエコロジカル・アプローチについて知ってはいたが，実際の場面では，一面的なアセスメントしかできていなかった。

[2] ソーシャルワーク実践方法に関する知識　　社会福祉援助技術（ソーシャルワーク）の実践方法に関する知識は，介入の具体的方法論についての知識と実践のプロセスについての知識が含まれる。具体的方法論と実践のプロセスは切り離して考えることはできない。

(1) 援助の具体的方法論についての知識　　援助計画を立て，具体的な援助方法を導き出すためには，ソーシャルワーク介入の理論，そしてそこから導き出されるモデルや方法論を熟知しておくことが必要である。

ソーシャルワーク介入は，個人から環境システムまで（カウンセリングを含む個人に対するもの，家族に対するもの，グループワーク，コミュニティワークなど）その対象・範囲は広い。また介入の具体的方法は，その方法論が導き出されている理論によって異なる。たとえば精神分析学を基礎とする伝統的アプローチとしての診断主義的ア

プローチ，人格論に基礎をおく機能主義的アプローチ，行動理論から導き出される行動変容アプローチ，クライエントの達成する目標を設定し，そのための課題を遂行しながら短期間で効果をあげていく課題中心アプローチ，クライエントが問題を明らかにし，それを解決するための最善の方法を見つけて困難な状況に適応していく問題解決アプローチ，また，危機的な状況に対していかに適切に対処するかを第一の目的とする危機介入などさまざまである（具体的な方法論については本シリーズ 4, 5 巻『ソーシャルワーク演習』上，下を参照）。

　ここで強調しておきたいことは，クライエントに介入する際，その方法（介入・援助方法）がソーシャルワークの援用する理論やモデルによって導かれたものでなければならないという点である。実践で時折みられるのは，方法論が先行しその裏づけとして理論が用いられることである（Brown [1996]）。たとえば，こうすればうまくいくだろうという感覚に頼って介入し，運よく目標とした結果が出た場合，「この介入方法はこういう理論で説明できる」と，初めてそこで理論をもち出してくるような場合である。ここでは，介入の後に，自分の行った介入やその方法論を正当化するための根拠として，理論やモデルをもち出している。しかし理論やモデルは，本来，介入方法を導き出す前提として存在する。もし，理論やモデルと無関係に，たんにソーシャルワーカーの感覚や経験だけで方法が選択されたり，ソーシャルワーカーが自分の知っている理論やモデルのなかだけから方法論を選択していると，その実践はソーシャルワーカーの信条やそのソーシャルワーカーがすでにもっている知識の量に偏ったものになってしまう。そのような介入方法は，クライエントにとって最適のものであるとはいえない。

　したがって，どのような理論やモデルがソーシャルワーク実践に

必要であり、そこからどのような方法論が導き出されているかについて、よく理解し、学んでおくことが大切である。ソーシャルワーカーがこれから何をしようとするのか、なぜそのような介入をするのか、具体的にどんな介入をするのかという問いに答えるためには、その根拠となる十分な知識が不可欠なのである（Brown［1996］）。

(2) ソーシャルワーク実践のプロセスに関する知識　　さらに、実践のプロセスについての知識も必要である。ソーシャルワーカーがどのような段階を経てクライエントの問題を評価し、そのニーズを満たしていくかについて、援助の初期段階から、アセスメント、援助計画、援助（介入）プロセス、モニタリング、評価、終結という一連の流れと、その具体的内容について簡単に整理してみよう。

ヘプワースとラルセンは、援助プロセスを3段階に分け、各段階で重要なことを説明している。簡単に整理すると以下のようになる（Hepworth and Larsen［1993］、詳しくは本シリーズ4、5巻を参照）。

〔第1段階〕クライエントとの関係を形成し、問題を探求、評価し、援助計画を立てる

この段階で重要なことは次のとおりである。

① クライエントとの信頼関係の形成

援助を開始するにあたって必要なことは、クライエントとの信頼関係を築くことである。ソーシャルワーカーは、クライエントに純粋に関心を示し、クライエントを理解しようとしていることを、関わりの初期段階で伝える必要がある。また、クライエントとの関係形成に影響を与える、ソーシャルワーカー自身のもつ価値観や文化的背景などについて自己覚知しておくことが必要である（具体的な技術については「技術」〔スキル〕を参照）。

② 問題の探求

ソーシャルワーカーは、クライエントの情報、問題についての情

報，そして環境的要因について総合的に判断しながら，クライエントの問題を探求する。そのためには，クライエントの包括的な情報を集め，クライエントが問題をどうとらえているかについてクライエントの訴えを聞くことが必要である。ジェノグラム，生育歴，病歴などから，クライエントがどのような環境のなかで生活しているか，またクライエントの関わるシステムにどのような問題がみられるかを把握していく。

③ アセスメント

エコロジカルな視点に立って，問題のアセスメントを行う。クライエントにとって困難な状況にあるシステム，クライエントにとって必要な資源あるいは今後開発していかなければならない資源を評価することが含まれる。

ソーシャルワーカーは，クライエントのおかれている状況を分析し，クライエントにとっての問題，確認された問題とクライエントのニーズとの関係を考察する。クライエントに対しては，クライエント自身が問題を客観的にとらえることができるよう（具体的に何が問題であるか，その特定ができるよう）援助する。さらに，困難を継続させている要因について考察し，クライエントの利用できる資源を評価する。そのために，エコマップを利用することも効果的である。

④ クライエントの動機を高めること

クライエントが自発的にサービスを求めていない場合（たとえば，公的機関から法的な手続によって送られてきた場合や家族が連れてきた場合）ソーシャルワーカーに否定的な感情をもったり，援助関係に抵抗を示すことがある。援助の初期段階で，ソーシャルワーカーがクライエントの否定的な感情をとり除き，困難な問題についてクライエントがワーカーとともに取り組むという動機を高め，援助を進め

ていくという努力がとくに必要となる。

⑤ 目標の設定と契約

具体的に認知した「問題」を解決したり容易にするための目標をクライエントとともに考え，契約を結ぶ。この目標は，クライエントにとって現実的であり，また機関の役割として可能な現実性のあるものでなければならない。

〔第2段階〕具体的な援助の段階（介入，課題の遂行，モニタリング，目標の達成）

第2段階は，目標達成に向けての具体的な援助経過，問題解決に向かうプロセスの段階である。この段階は，目標に向かって，どのようなアクションを起こしていくかという段階である。

ソーシャルワークの介入は，クライエントの抱えている問題に直接結びつくものでなければならない。ソーシャルワーカーは，クライエントとともに設定した先の目標に向かってこのプロセスを進める。最終的な目標達成のために，段階を追って課題（サブゴール）を設定し，段階ごとに目標の達成を実現することも1つの方法である。

クライエントが目標に向かう過程で重要なのは，クライエント自身にその目標を達成しようという動機と，達成することができるという自信をもたせることである。そのため援助プロセスのなかでは，一定の期間を決めて定期的に経過を観察し，クライエントがどれだけ目標に近づいているかを評価し，クライエントの自信を高め，その方向づけをしていかなければならない。クライエントが目標達成に向けて否定的な感情をもっていたり，自信を失っていたりする場合は，何がそうさせているのかについてクライエントに気づかせていくことも必要である。

一つひとつの課題は，クライエント個人の能力，他者との関係，

クライエントの環境内の資源に関係していたり，機関や法律に関わっていることもある。もし，クライエントにとって，目標や課題の達成が困難である場合は，その目標や課題を見直し変更していくことも必要である。

この経過観察のなかで，ワーカーはクライエントを評価するだけでなく，クライエントの周りの環境とその相互作用についても評価しなければならない。さらにワーカーの援助計画や介入が適切なものであるのか，介入方法を変更する必要があるのか，また他によりよい介入方法があるのかについても経過を観察しながら考察する。したがって援助プロセスにおいてアセスメントは繰り返しなされるものであり，その結果，援助計画が見直されることもある。

〔第3段階〕 評価と終結

終結の段階には4つの側面がある。

① クライエントの目標達成を評価し，それに伴って援助終結の計画を立てる
② 効果的に援助関係を終結する
③ 終結に伴ってクライエントの変革や成長，またクライエントが達成した目標が維持されるよう計画する
④ 援助過程を総合的に評価する

達成する目標が明確な場合（たとえば，就業や在宅ケアへの移行など）は，目標の達成について評価しやすいが，目標が明確化しにくい場合（たとえば，自己像の変革やコミュニケーションの問題の克服など）は，どのような段階を達成目標とするのか，現実的な目標をあらかじめクライエントと決めておき，それが達成されたかどうかについて評価することが必要だろう。援助関係の効果的な終結には，終結後のフォローアップ等でクライエントの変革や成長がその後も維持されるよう配慮していくことが必要である。

援助プロセスを評価することは、クライエントに関わったワーカーや機関が効果的な援助を提供することができたか、また用いられた介入方法が適切なものであったかを知るうえで重要である。最近では、介入の効果について、援助プロセスを振り返るだけでなく、その効果を科学的に測定すること（効果測定）も行われている。

[3] 社会システム、サービスシステム、社会政策に関する知識

ソーシャルワーカーには、実践の現場において必要となる法律の知識や組織内外の関係を理解するための知識も求められる。

ワーカーは所属する機関の機能やその根拠となる法律やその種別について十分知っておかなければならない。つまり、その機関の根拠法は何であり、どのようなシステムのなかに位置づけられ、また機関の基準（人員配置基準、定員等）がどんなものであるかなどは、基本的な知識である。また所属機関の目的や事業内容について理解しておくことはもちろんのこと、ソーシャルワーカーの具体的業務内容や、機関内で制限されるワーカーの活動についても知っておかなければならない。

たとえば福祉事務所で働くワーカーは、生活保護法に基づく扶助の内容（生活、教育、住宅、医療、出産、生業、葬祭）とその基準、また最低生活保障水準についての知識も必要である。また具体的な援助のなかで、クライエントに生活保護を受給するための要件がそろっているかどうか、そろっている場合は、その申請手続を進めていくための具体的な知識も必要である。

さらに、ソーシャルワーカーは、社会のなかで放置されている問題や、社会の変化によって生じる多くの問題を具体的に解決していく手段として、新しい制度・システムの開発や改善に関わることもある。児童虐待防止システム、スクール・ソーシャルワーカー/カウンセラー・システム、HIV/AIDS患者の地域医療システムなど、

ソーシャルワーカーがシステムづくりに関わっていくためには，現在の社会システムやサービスの内容を熟知しておかなければならないし，社会政策についての知識も必要となってくる。

このように，ソーシャルワーカーは具体的な援助活動のなかで，その関係する法律の知識，システムの開発・改善の知識，社会政策についての知識が必要とされる。

2-3 技術（スキル）

ソーシャルワークの価値と知識に基づいて導き出された方法を用いて，具体的なサービスを提供し，目的とした結果を導いていく際に必要なものが，技術（スキル）である。そしてそのスキルが要求される場は，個別対人援助からクライエントの周りのシステムや環境への働きかけ，資源の有効な利用，サービス・プログラムの評価，さらに所属機関の運営にまで及ぶ。

ソーシャルワーク実践において必要なスキルは，その領域や介入方法によって，さまざまである。おのおのの方法論における具体的スキルについては，本シリーズ4，5巻を参照してもらうこととして，ここではダットンとコーリの分類を参考にしながら，ソーシャルワーク実践に必要な中心的スキルを関係形成のスキル，知識を実践に応用するスキル，資源の活用とマネジメントのスキル，記録のスキル，管理・運営のスキルの5つに分けて説明する（Dutton and Kohli [1996]）。

[1] 関係形成のスキル　クライエントとの関係を形成していくためには，クライエントがどんな状況にあっても，また，ソーシャルワーカーと違った価値観をもっていても，まずそれを受容し理解することが必要である。そのためには，ソーシャルワーカー自身がどのような価値観をもち，どのような環境のなかで生活し，ま

たどのような文化的背景をもっているかを十分知っておく必要がある。つまり，クライエントとの関係形成のために必要な基本的スキルは，第1に自己覚知であり，第2に具体的な関係形成を築いていくうえで必要とされるコミュニケーション・スキルである。

(1) **自己覚知──自分自身を理解すること**　他者との関係をつくっていくうえで最も大きな影響を及ぼすのは，自分自身のもっている価値観や考え方である。相手をどうしても受け入れることができない，信頼関係がうまく築けないといった場合，自分のもつ考え方や価値観と相手のもつそれらが一致しないことが多い。したがって，育った環境や価値観が違う他者との関係を築いていくためには，相手を理解しようと努める以前に，まず自分自身がどのような価値観をもっているかを知っておくことが必要である。自己覚知なしには，他者との良好な関係をつくっていくことはできないからである。

自己覚知とは，たんに自分自身の過去，育った環境，現在の環境や文化的背景によって形成された価値観，行動や思考のパターンを知っておくことだけでなく，ソーシャルワーク実践に直接影響を与える要因についても知っておかなければならない。たとえば，自分自身が関わっている領域において過去の生育歴がどのような影響を与えるだろうか，自分の人生に起こった出来事が職業上の活動にどのような影響を与えるだろうか，また，専門家としてクライエントとの境界を保つことを妨げるような要因が，自分のなかにあるだろうかなどである。また，自分自身のもつ価値観がソーシャルワークのもつ価値観と一致しているかについても知っておく必要がある。こういったことがらは，クライエントとの共同作業としての問題解決のプロセスや最終的な目的の達成に影響を与えるものだからである。

そして社会福祉援助技術現場実習を行う際には，実習生自身の自

己覚知が大変重要となる。以下に例を示してみよう。

> **ビネット 7**
>
> 自己覚知できていなかった実習生 E さん
>
> E さんの実習している知的障害児の通所施設では、毎年 1 回、家族や近隣の人を招いての音楽会がある。E さんが担当している F 子は、何回やってもタンバリンを打つタイミングがずれてしまう。E さんは F 子につきっきりで何回も練習するが、F 子はどうしても同じところで引っかかってしまう。一生懸命教えていた E さんは、どうして F 子はうまくリズムがとれないのだろうとイライラしてしまった。スーパーバイザーから、「あなたは、F 子がうまくリズムをとることが大切なの？ それともみんなと一緒に音楽会に出ることが大切なの？」と聞かれ、はっとした。

　E さんは、F 子がみんなと同じように演奏できること、上手な演奏をすることが重要であるという価値観をもっていたことに、スーパーバイザーの指摘で気づいた。ソーシャルワーク実践は、価値ある存在としてありのままのクライエントを受け入れるところから始まる。私たちが常日ごろ正しいとか当たり前と思って保持している価値観のなかに、ソーシャルワークの価値と一致しないものがありはしないか、私たちの価値観は何に影響を受けてかたちづくられたものかを自己覚知する必要がある。

（2）クライエントとの関係の形成・維持――コミュニケーション・スキル　クライエントとの信頼関係を築いていく際必要なのが、コミュニケーション・スキルである。ワーカーは、価値ある存在としてのクライエントをありのまま受け入れるというメッセージを送り、クライエントが問題に対処していくのを援助するためにここにいるのだということを伝える。初めて会ったときのワーカーの拒絶的な表情や態度が、後のクライエントとの関係形成を困難にするこ

とはよくあることである。また，はじめの段階でワーカーが機関の一員として何ができるかについて明らかにし，クライエントのプライバシーが保障されることをはっきりと伝えておかなければならない。

クライエントとワーカーの関係は，クライエントの問題解決や援助のプロセスに大きな影響を与える。信頼関係を築いていくためには，バイスティックの基本的原則にみられるように，受容的・非審判的態度でクライエントの話を聞くということが重要である。コミュニケーション・スキルは，言語によるもの（開かれた質問・閉じられた質問，要約，明確化，最小限の励まし，支持的反応，感情の反射等）だけではなく，ワーカーの表情，視線，姿勢，口調，態度といった非言語的なものも含まれる（具体的面接技術については，本シリーズ4，5巻を参照）。

コミュニケーション・スキルは，必ずしも面接室における面接場面でのみ要求されるものではない。クライエントは生活する人であるから，施設での生活やプログラムのさまざまな場面（たとえば食事，入浴，リクレーション，廊下での立ち話など）のなかでも求められる。このような場面における面接を生活場面面接という。コミュニケーション・スキルは，クライエントとの基本的な信頼関係を構築していくために，生活のあらゆる場面で必要とされる。

コミュニケーション・スキルは，実習先で利用者とコミュニケーションをとる場合に重要なスキルである。実習では，これらのスキルを意識的に使用していくこと，自分自身のコミュニケーションのとり方を把握していくこと，自分のコミュニケーションのとり方が相手に与える印象に気づくことが必要である。

[2] 知識を実践に応用するスキル　　先に述べたように，ソーシャルワークの実践においてはさまざまな理論や方法論を学んで

おかなければならない。しかしそれがたんなる知識にとどまってしまっていては、具体的な援助に役立たない。理論や方法論を現場で実践するためには、それらの知識を実践に応用するスキルを身につけることが必要である。

たとえば、高齢者に関わる際、加齢による身体的・心理的変化を理論のうえではわかっていても、いざクライエントを目の前にして、どのように接していいのかわからない、何に焦点を当ててアセスメントしていいのかわからないというのであれば、ワーカーの知識は実践に生かされていない。クライエントの身体的な面でADLはどうなのか、生活上不便なところがあるのか、身体的な衰えによってクライエントが精神面で何か問題を感じているか、クライエントが身体的レベルや知的レベルの変化に伴う喪失感をもっているか、そういった喪失感が具体的な生活にどのように影響しているか、家族関係はクライエントにどんな影響を与えているか、そのようなクライエントにどのように話しかけることが適切であるか——このように、学んだ知識が具体的場面で応用されなければならない。

また、クライエントの状況を把握し、何が問題であるか明らかにしていくためのアセスメントが重要であるということは知っていても、面接のチャンスがなければアセスメントができないと思っている実習生も多い。必ずしも一対一の面接だけがアセスメントの手段ではない。担当する子どもと遊びながら、障害者と一緒に作業しながら、高齢者のグループ・プログラムに参加しながら、クライエントをアセスメントすることは可能である。たとえば、特別養護老人ホームにおける実習中に、風船バレーをしながら、そのプログラムに対する一人ひとりの利用者の参加意欲、参加状況等をアセスメントすることが可能である。障害者と一緒に作業しながらその人が今、何を目標としているのか、そのために何が必要なのかアセスメント

することもできる。また入所者を訪問する家族や，送り迎えをする家族とのちょっとした話から，家族関係やクライエントの問題を把握することも可能である。実習プログラムに送迎サービスへの参加があれば，デイサービスの送迎をしながら，利用者の住環境をアセスメントすることもできるだろう。実習中には利用者をアセスメントするさまざまな機会がある。

このように，身につけた知識を実践上で生かすためのスキルの有無によって，クライエントへの関わり方や問題の発見は大きく違ってくるといえる。

[3] 資源の活用とマネジメント・スキル　　知識を実践に応用するスキルと同様，社会資源についても，それを知っているだけでは不十分であり，具体的なケースのなかでいかに効果的に利用できるかというスキルが必要となる。

社会資源を効果的に利用するためには，まずどのような資源が，どこに，どのようなかたちで存在しているかを知っておく必要がある。これはたんなる情報収集にとどまるものではない。つまり，クライエントの援助に必要な資源があったとしても，その資源がクライエントの利用できる地域にあるのか，またその資源が公的なものであるか，私的なものであるか，あるいは非営利セクターによって用意されているものかを整理しておくことが必要である。それによって，クライエントが実際に活用できる資源であるのか，経済的負担はどうなのか，その資源を利用することによってどんな利益や不利益を受けるかについて評価することが可能となるからである。

また1つの資源に結びつけるだけでなく，利用できる資源を組み合わせたり，利用可能なさまざまな資源をアレンジしながら，クライエントのニーズを満たすためのサービスを提供しなければならない。このように，効果的に資源を活用するためには，その資源につ

いての知識だけでなく，どのように資源を組み合わせ，活用していくかというマネジメントのスキルも必要である。

　また，クライエントが十分なサービスを利用することができない場合，あるいはクライエントに必要な資源が存在しない場合，そういった資源や新たなシステムをつくっていくための情報収集や，必要な機関との交渉のスキルも必要である。また必要なサービスについて声をあげ，社会システムに変化を起こさせる社会改革のためのスキルも求められる。

　実習中にその機関に関係するすべての社会資源を理解することはできないかもしれない。また社会資源を新たにつくっていく機会を実習中に体験することは大変困難である。しかし，その施設・機関の存在する地域，利用者の生活する地域において，どのような社会資源があり，どのような資源が不足しているのか，またどのような資源を新たにつくっていく必要があるのか等について考えることは，社会福祉援助技術現場実習にとって重要な観点である。

ビネット 8

クライエントと資源をどのように結びつけてよいのかわからなかったG君

　G君は福祉事務所で身体障害者担当の職員について実習している。クライエントは，1年3カ月前，脳梗塞により右半身不随となった56歳の男性H氏。入院後，自宅に帰ったが，技術畑の仕事をしていたH氏は，利き手が動かないため仕事に復帰する望みをなくし，退職してしまった。H氏は入院中から現実を受け入れることができず，4歳年上の妻に怒りをぶつけている。退院以来，妻はH氏の身の回りの介護をしながら，パートで働き家計を支えているが，経済的にも精神的にもつらい状況に追い込まれている。身体障害者手帳について何も情報を得ていなかった妻は，福祉事務所を訪ねてきた。G君は，身体障害者手帳交付の手続と，障害年金や福祉手当，医療費の助成などの手続を説明した。

> G君は、妻の精神的な苦しみを聞いたり、その落ち込んだ様子を見ていると、これだけでは不十分だと思った。しかし、どのようにしたらよいのかまったくわからなかった。

　中途障害者の障害受容について理解したうえでの効果的な資源の利用とアレンジメントが必要である。障害受容にはある程度時間がかかり、その段階によってクライエントに必要な資源も異なる。本人の精神的サポートや家族に対するサポートが次のステップに進む重要な援助である。H氏や妻への精神的サポートのための訪問、セルフヘルプ・グループ、家族の会など民間資源の紹介や活用、障害者更生相談所、職業リハビリセンターの公的資源紹介など、どのような資源があるかを把握しておくのと同時に、クライエントの状況やニーズの変化に応じて必要な時期に資源を活用しアレンジしていくスキルが必要である。

[4] **記録のスキル**　　記録のとり方やそのフォーマットは機関や施設によってそれぞれ異なるが、基本的には次のようなものが含まれている。

（1）クライエントの基本的情報についての記録　　フェイスシートとよばれるもので、クライエントの氏名、年齢、性別、住所等クライエントの属性に関するもの、また、機関・施設にきた経緯等が記載される。

（2）クライエントの問題を理解するための記録　　クライエントの問題、状況、クライエントをとり囲む環境が今どのような状況にあるのかを理解するための記録で、生活歴、病歴、家族関係、環境、資源等を含めたアセスメントの部分が記載される。

（3）援助経過の記録　　援助経過と問題解決に向かうプロセスが記載される。クライエントの動機を高めるための援助や目標に至る

までの課題,援助経過のモニタリング,再評価など,具体的な援助の経過を記録する。

(4) 評価と終結の記録　クライエントの目標が達成されたか,効果的な援助関係の終結はどのようになされるか,また終結にあたって,クライエントの達成した目標が維持されるにはどのようにしたらよいかを評価する。また援助過程全体についてワーカーのアプローチ,クライエントとの関係を含めた総合評価が記載される。

記録の目的は,援助プロセスにおけるアセスメント,援助計画や介入,援助の評価のためだけではない。ほかにも①ワーカーの専門的能力を評価するための資料,②クライエントやサービス利用者の利益が援助過程で守られているかを確認するための客観的資料,③スーパービジョンや事例研究などの教育訓練のための資料,④サービスの効果測定やプログラムの開発・改善のための資料,⑤新たな社会サービスを開発したり,ソーシャル・アクションを起こす際の資料となる。このように,ソーシャルワーカーの行った援助活動の記録は,客観性をもつ専門的活動の資料としてさまざまな用途に用いられる。また記録は,サービスを提供する機関の運営の継続性を示すものとしても必要である。機関・施設の一員として記録をつけるスキルは,その業務の重要な部分の1つとして求められるものである。

これら記録の扱いについては,とくに慎重に行わなければならない。記録（調査結果や,報告書を含む）はクライエントや関係者のプライバシーを含むものであるから,情報が外部に漏れないよう管理しなければならない。部外への記録の持出し,コピー,記録途中で席をはずすときなどは,その管理にとくに注意しなければならない。

現場実習の際には,できれば各機関・施設の記録をみせてもらい,どのようなフォーマットで,どのように記録されているかを把握す

ることが重要である。また実習ノートへの記録が大切なように，実習生である自分がその機関・施設の記録を作成する場合に，どのようなことに留意するかを確認する必要がある。1カ月実習であれば，その機関・施設の記録用紙に自分の関わったクライエントの記録を，他の記録の書き方をを参考にしながら記入してみるとよいだろう。

[5] **管理・運営のスキル**　管理・運営のスキルは，機関や施設がその目的に沿った健全な運営をしていくために，またクライエントに対してよりよいサービスの継続性を維持していくために必要である。そしてこのようなスキルは，機関や施設のなかでもとくに管理職に強く求められる。

機関や施設は地域のなかでの役割を果たしていくために，他のさまざまな機関と関わりをもっている。対外的な側面では，行政との交渉や，施設の母体となる機関やNPOとの関係，補助金・助成金の獲得や維持，そのためのプログラムの有効性を示すための調査など，さまざまなスキルが施設や機関の運営に求められる。

また，内部においては，機関・施設内の仕事の割当て，勤務時間の調整，カンファレンスの調整，採用に関する人事，研修・教育プログラム，実習生の受入れ，記録・書類の管理，貴重品の管理，設備や備品に関する管理など，さまざまな実務レベルにおいてのスキルが要求される。

さらに，クライエントに対しては，適切なサービス内容が提供されているか，クライエントの個人情報が安全に管理されているか，クライエントのニーズを満たすプログラムがそろっているか，クライエントのニーズを満たすための他機関や地域資源とのネットワークが構築されているかなど，機関や施設のソフト面の改善・発展についての管理・運営スキルも求められる。

現場実習において実習生はともすれば，クライエントや自分自身

にのみ意識が集中しがちで，社会福祉援助技術（ソーシャルワーク）において重要な管理・運営のスキルをみないことが多い。実習スーパーバイザーにする質問もクライエント個人に関することが多くなり，管理・運営についての質問がない場合もある。介護実習と異なるソーシャルワーク実習の1つのポイントは，管理・運営についての視点をもつことである。実習中には，この視点から，管理・運営についてどんな初歩的なものでもかまわないから，質問するように心がけてみよう。

[6] その他実習において重要なスキル　　実習機関のスーパーバイザーや責任者が，実習生に最低限知っておいてほしいといわれるものは，社会人としての基本的な態度である。実習生は学生ではあるが，現場においてはその機関のスタッフと同じ立場にある。クライエントにとっては，相手がスタッフであろうと実習生であろうと，機関の一員として接してくることに変わりはない。実習の現場では，たとえ学生であっても，機関の一員としての自覚が求められる（Egan [1990]）。

相手が機関のスタッフであろうとクライエントであろうと，挨拶，言葉づかい，服装，時間厳守，忘れ物をしないなど，社会人としてのソーシャル・スキルが求められる。連絡事項をきっちり伝えることや，大切な事柄を報告したり相談することは，社会人に求められる基本的態度である。また，何かを言われてから行動する指示待ちの態度ではなく，自分から学んでいこうとする積極的態度が必要である。そのためには，現場のスタッフやスーパーバイザーに何をすべきか尋ねたり，何ができるか，何をしたいか伝えていくことが必要である。

またコミュニケーション・スキルはワーカーとクライエントの関係だけにとどまらず，実習機関のなかの他の部署との間にも必要で

ある。自分の所属する部署だけでなく，機関や施設の他の部署のスタッフや関係機関とのコミュニケーションにも心がけるべきである。

また，実習期間中のストレスのマネジメントも重要なスキルである。実習での緊張や実習中の失敗などで落ち込んでしまい，その気持ちを次の実習日にもち込んでしまうことがある。気分転換やストレス解消の方法をみつけておくことは，実習期間だけではなくその後の実践活動にも役立つだろう。

ソーシャルワーカーに必要なスキルは，ここにあげたものだけではない。状況が違えば，要求されるスキルも異なってくる。政治，法律，あるいは所属する機関が変化していくことで，ソーシャルワーカーもさまざまな問題に巻き込まれていく。ソーシャルワーカーのスキルは，個人の経験や，専門的なトレーニングや，現場で働いていくなかで学ぶことからかたちづくられていくことも多い。私たちは，クライエントとの関係，機関のスタッフとの関係，他機関との関係，公的機関との関係等から，一つひとつ謙虚に学び，実習の知識を深めていく姿勢が必要である。

これまで，ソーシャルワークのスキルについてその基本的・中心的なものを述べてきた。クライエントとソーシャルワーカーとの関係を構築していくための自己覚知とコミュニケーション・スキルは関係形成の基本となるものであり，効果的な援助活動ができるかどうかは，このスキルに大きく影響を受けるだろう。しかし，ソーシャルワーカーのスキルは，コミュニケーションや介入のレパートリーをマスターするだけにとどまらず，アセスメントやプログラム評価のスキル，効果測定や調査のスキル，社会資源の開発やマネジメント・スキル，機関の運営にかかわるアドミニストレーション・スキルなど多様な幅広いものである。

3 ソーシャルワークの枠組み

　最後に,これまでみてきたソーシャルワークの価値・知識・技術がソーシャルワーク実践のなかでどのように位置づけられているのか整理してみよう。

　すべての専門職は,その価値の実現に向けられている。バートレットは「専門職の価値とは,専門職者自体によって確認された倫理的な概念と原理を意味するもの」であり,「価値は原理それ自体である」としている (Bartlett [1970])。ところが,価値はソーシャルワークの基本的要素であるにもかかわらず,1950年代の終わりまでその理論的発達はほとんどみられなかった。というのもソーシャルワークは,方法や技術を重視する「方法・技術モデル」(その最も重要な概念は援助サービスであり,その焦点は専門的技能におかれていた)に拠っており,専門職としての一般的枠組みをもつ「専門職モデル」は存在しなかったからである。その結果,「方法・技術モデル」によって第一義的に発展させられたのは,ソーシャルワークの科学の部分より技術の部分であり,このモデルは価値の理論的位置づけや実践における価値の重要性については考えていなかった。したがって,このアプローチから導き出されている援助の方法では,価値や知識が技術や技能に縛られてしまっていた。

　一方,「専門職モデル」は「専門職の一般モデルを基礎においた新しい包括的な実践モデルであり,理論的,倫理的,技術的な総体をもつ」という前提に立つものである。したがって,ソーシャルワーカーの活動は,これらの一般化や原則によって導かれ,ソーシャルワーカーは,個別的な状況にそれらの一般化や原則を適用するのである。つまりソーシャルワークの実践は,一般的なソーシャルワ

ークの枠組みと価値のなかに位置づけられ，広く規定されたソーシャルワーク全体の価値・知識・技術によって意識的に導かれているのである。この点で「専門職モデル」は，「方法・技術モデル」と根本的に異なっている。

　全米ソーシャルワーカー協会ソーシャルワーク実践検討委員会の基礎的定義の小委員会は，成熟した専門職が，価値と知識の強力な総体に基づいており，そこから実践者の活動を導く科学的・倫理的原則が導き出されていることを認めた。つまり価値は，知識と並んで方法より優位におかれ，方法・技術を規定するものなのである。これがソーシャルワークの「専門職モデル」における価値のもつ意味である。

　したがって，ここから次のようなことが導き出される。ソーシャルワーカーがクライエントに関わっていく際，ソーシャルワーカーがもっている技術や方法が価値を規定するのではなく，ソーシャルワークの価値を基本とした，ソーシャルワーカーの価値観が介入方法を規定するということである。具体的には，どのような介入やレパートリーをもってしてもクライエントの問題解決ができない場合，クライエントに関わることをあきらめるのではなく，価値から導き出される新しい介入のレパートリーをつくっていかなければならないということなのである（藤井［1993］）。

　ソーシャルワーカーは，この価値と知識と技術を統合し，さまざまな対象にさまざまなかたちで関わる専門職者である。直接援助においては，ケースワーカー，カウンセラー，ファミリーセラピストやグループワーカーの役割，ストレス・マネジメント，親業のサポート，精神保健等に関わる教育的セッションでの教育者という役割，また，クライエントと資源をつなげるブローカー，媒介者，ケースマネジャーとしての役割，サービス利用者の代理人としてその人の

ニーズや権利を代弁する代弁者としての役割,サービス・プログラムを開発したり,その効果を検証する研究者としての役割。これらはすべてソーシャルワークの価値・知識・スキルが統合された専門職の役割なのである。

社会福祉援助技術現場実習においては,これらの価値・知識・スキルをいかに活用してクライエントや関係者と接していくか,またこれらの価値・知識・スキルを意識化して実践と結びつけていくことができるかが重要なポイントとなる。

● 演習問題 ●

1 実習機関・施設に関する自分自身の価値観について考えてみよう。たとえば,児童養護施設ならば,施設に入所している子どもたちに対してどのような印象をもっているかを考えてみよう。児童自立支援施設ならば,どうだろうか。そして,自分自身の価値観はどのような事柄に影響を受けて形成されたのだろうか。自分のもつ価値観のなかでソーシャルワークの価値と相容れないものはあるだろうか。それはどのようなものだろうか。

2 専門家として,クライエントとの境界を保つためにはどのようことに気をつけなければならないか考えてみよう。

3 自分の生活している地域のなかで,どのような人が問題を抱えているか考えてみよう。その人たちが問題を解決したり,適応していくためにどのような資源が必要だろうか。地域のなかのどのような資源が利用でき,どのような資源が不足しているか考えよう。

4 実施先の機関について,どのようなことを知っておかなければならないか整理してみよう。

5 日常生活において,人の話を聞く態度として自分はどのような態度をとっているかを確認してみよう。実際に2人1組になって,相手の話を聞いてみよう。日常生活における自分の話を聞く態度と実習生として聞く態度との違いを確認してみよう。

■ 引用文献

藤井美和［1993］「ターミナルケアにおける福祉の視点──福祉は人の『死』をどうとらえるか」『ソーシャルワーカー』vol.3.

Bartlett, H. M. [1970] *The Common Base of Social Work Practice*. National Association of Social Workers Inc.

Brown, H. C. [1996] "The Knowledge Base of Social Work." in A. A.Vass (ed.), *Social Work Competences : Core Knowledge, Values and Skills*. Sage Publications.

Butrym, Z. T. (1976). *The Nature of Social Work*. Macmillan Press.

Dutton, J. and R. Kohli [1996] "The Core Skills of Social Work." in A. A.Vass (ed.), *Social Work Competences : Core Knowledge, Values and Skills*. Sage Publications.

Egan, G. [1990] *The Skilled Helper*, 4th ed. Brooks/Cole.

Gordon, W. E. [1965] "Knowledge and Values : Their Distinctions and Relationship in Clarifying Social Work Practice." *Social Work*, Vol.10, No. 3.

Hepworth, D.H. and J.A. Larsen [1993] *Direct Social Work Practice : Theory and Skills*, 4th ed. Cole Publishing Co.

Levy, C. S. [1993] *Social Work Ethics on the Line*. Haworth Press Inc.（小松源助訳［1994］『ソーシャルワーク倫理の指針』勁草書房）

Pearce, J. [1996] "The Value of Social Work." in A. A. Vass (ed.), *Social Work Competences : Core Knowledge, Values and Skills*. Sage Publications.

Pumphrey, M. W. [1959] *The Teaching of Values and Ethics in Social Work Education*, Council on Social Work Education.

Reamer, F. [1999] *Social Work Values and Ethics*. Columbia University Press.

3章 事前学習

本章で学ぶこと

　本章では，社会福祉援助技術現場実習の入口である事前学習の方法について学習します。いわゆる社会福祉士試験受験資格取得のための法令指定授業科目である「社会福祉援助技術現場実習指導」の事前学習の内容として必要とされている事項です。具体的には，1～2章で提示された社会福祉援助技術現場実習の意義や必要性について学ぶとともに，実習機関・施設種別の概要理解，見学実習，配属実習機関・施設の選定と決定，現場体験学習，社会福祉援助技術に関するロールプレイや事例研究のほか，基本的な介護等の技術の習得，実習記録の意義と書き方，その他配属実習機関・施設における**実習オリエンテーション**と学生による**事前訪問**，実習計画の作成等です。本章では，そのそれぞれの学習の仕方について事前学習のおおよその展開に沿って解説し，実習の主体となる学生本人や受入れ先である機関・施設の声にも耳を傾けつつ，それら一つひとつの内容および留意事項等について学習しましょう。なお，実習計画の作成については4章において説明します。

1 事前学習の位置づけと学習内容

1-1 事前学習の位置づけ

ソーシャルワーク実習には多様な形態があり、その形態によって事前学習のあり方も多彩となるが、ここでは、その代表例として、社会福祉士法令指定授業科目である「社会福祉援助技術現場実習」を取り上げることとする。

社会福祉援助技術現場実習の事前学習は、養成校においては、社会福祉士法令指定授業科目である「社会福祉援助技術現場実習指導」(90時間：教員による巡回指導や事後学習も含まれる) の一部として、各養成校の考え方のもとにカリキュラム上位置づけられる。

たとえば、2年次において基礎的学習として30時間を充て、配属実習が実施される3年次の前期に実践的事前学習として30時間を充て、さらに、配属実習後、事後学習に30時間を充てるなどがその一例である。また、たとえば3年次と4年次に2週間ずつ配属実習を行うカリキュラムを組んでいる養成校にあっては、これとは異なったカリキュラム構成となる。ここでは、その具体的内容について概観することとする。

1-2 事前学習における学習内容

[1] 目的と内容　　国は、授業科目としての社会福祉援助技術現場実習指導に関し、以下の4つの目標を提示している。

(1) 社会福祉援助技術現場実習の意義について理解させる。
(2) 社会福祉援助技術現場実習を通じて、養成施設で学んだ知識、状態等を具体的かつ実際的に理解できるよう指導する。
(3) 実践的な技術等を体得できるよう指導する。

(4) 福祉に関する相談援助の専門職としての自覚を促し，専門職として求められる資質，技能，倫理，自己の求められる課題把握等，総合的に対応できる能力を習得できるように指導する。

そして必ず含める内容について，①実習オリエンテーション，②視聴覚学習，③現場体験学習および見学実習（実際の介護サービスの理解や各種サービスの利用体験等を含む）の3つを規定したのち，実習前指導上の留意事項として以下の4点を提示している。

(1) 実習生が，実習の意義，目的を理解し，適切な実習計画を作成する。
(2) 実習生に自己の選択した実習分野と機関・施設について基本的な知識をもたせる。
(3) 実習生に実習先で必要とされる専門援助技術の基礎について十分理解させる。
(4) 実習生に個人のプライバシーの保護と守秘義務等について十分理解させる。

事前学習は，基本的には，ここに提示した目標や内容を含めつつ，各養成校の社会福祉教育の特性を加味して進められることとなる。

[2] 学習の具体的内容　　事前学習の具体的内容としては，以下のものが考えられる。たとえば最初の事前学習においては，まず，社会福祉教育における実習の意義・位置づけおよび実習諸分野の特徴を学習する。具体的には，実習に対する基本的な考え方から始まり，実習分野の法制度に関すること，特徴や着眼点，留意事項等について学習する。実習施設に対する見学実習も実施されることとなる。これらの学習を通して，各自が自己の興味・関心と実際の機関・施設の役割や現状を客観的に検討し，さらに，みずからの実習目的と実習機関・施設選定をどのような観点から進めるかについて各自が考え，配属実習機関・施設の適切な選択がなされるよう援

助されることとなる。具体的には,
① 実習教育の意義
② 実習の仕組みと進め方
③ 実習分野の概要
④ 実習の基本的留意事項
⑤ 各分野における実習指定機関・施設,専門職の概要および実習の特色,分野別の留意事項
⑥ 各分野の機関・施設の実習指導者,ソーシャルワーカーによる施設生活および実習の実際
⑦ 利用者に学ぶ
⑧ 配属実習機関・施設の選択と決定にあたって
⑨ 先輩の実習報告を聞く
⑩ 見学実習等を通じて実習のイメージをつくる

等がその内容として考えられる。

次の段階の事前学習においては,配属実習機関・施設種別とその周辺領域の概要について理解するとともに,各自の配属実習機関・施設そのものの概要について,実習オリエンテーションや現場体験学習等を通じて理解することが求められる。また,実習に必要な援助技術や配属実習中の具体的留意事項,実習記録の意義等,配属実習を有効に進めるための学習が進められる。各自の実習計画の作成と吟味が最終的な成果物となる。具体的には,
① 実習機関・施設の法的位置づけ,サービス,対象について
② 配属実習機関・施設種別における実習に関する視聴覚教材を用いた学習
③ 面接,介護技術その他実習に必要とされる援助技術に関するロールプレイ,実技学習
④ 事例研究

⑤ 実習記録の意義と記載方法
⑥ 養成校における実習オリエンテーション，配属実習の留意事項（倫理，感染症対策等を含む）
⑦ 配属実習機関・施設への事前訪問と実習先におけるオリエンテーション
⑧ 現場体験学習
⑨ 配属実習機関・施設および実習の概要についての理解
⑩ 実習計画の作成とグループ・ディスカッション

等がその内容として考えられる。なお，ここに提示した授業内容の配列順等についてはあくまで一例であり，実際は，各養成校の実習システムや事前学習の考え方等に基づき，それぞれ独自に定められているのが通例である。

2 学生の立場からみた事前学習

2-1 ソーシャルワーカーをめざす学生の5つの壁

[1] 5つの壁　　ソーシャルワーカーをめざして大学に入学した学生は，通常，5つの壁にぶつかり，自問自答する。その第1は，入学後しばらくして訪れる。ソーシャルワーカーをめざして入学したといっても，通常，学生たちはソーシャルワーカーの業務について詳しく知っているわけではない。多くは，福祉の場で利用者と生活をともにしつつ援助するという漠然としたイメージを抱いている。いわば，「福祉の心」を一番の前提としている。しかし，実際に始まった授業は，法制度や援助技術に関する知的学習が中心となる。「すぐに利用者と直接接するための技術を教えてもらえると思っていたのに，こんなはずではなかった」という声が聴かれることとなる。

ソーシャルワーカーに限らず社会福祉の場での仕事を志す者には，①Head（知識），②Hand（技術），③Heart（福祉の心），④Health（心身の健康）の4つのHが必要とされる。学生たちは，授業を通じ，このことを体験的に学習していく。

　第2の壁は，配属実習機関・施設ならびに専門演習（いわゆるゼミ）の選択の時期に訪れる。通常，2年次後期から3年次にかけてである。みずからの進むべき分野と，大学生活を通じてみずから学ぶ目標を選択しなければならない。

　第3の壁は，いうまでもなく配属実習である。通常，3年次の夏期休業期間から後期にかけて訪れる。2週間ないし4週間の配属実習経験を通じ，みずからのめざすソーシャルワーカーとしての人生の入口を経験した学生は，その選択の可否について真剣に考えることとなる。実習の事後指導は，学生の職業人としてのアイデンティティ確立を支援するためにも，丁寧に行われることが必要である。

　第4の壁は，3年次の正月明けに訪れる。正月に帰省をした学生は，両親との会話等を通じ，来たるべき職業選択と職業的自立を実感する。企業に就職するためには，すぐにでも就職活動を開始しなければならない。公務員試験のための勉強も進めなければならない。ソーシャルワーカーとして就職することを希望するとしても，地元就職を優先するか，就きたい分野・職種を優先するかによって，職業選択の幅は大きく異なってくる。収入や就業時間，福利厚生等も念頭に入れることとなる。これまで一丸となって学習を進めてきた友人も，それぞれ別の人生をめざすこととなる。孤独が身を包む時期でもある。

　最後に，第5の就職活動という壁に突き当たる。ソーシャルワーカーとしての就職を希望しても，みずからが希望する機関・施設，職種への就職は簡単なことではない。場合によって，希望職種や分

野を変更しなければならない事態にも遭遇する。困難にぶつかり続けると，当初の意欲も薄らいでくる。みずからの希望する分野や職種を固定的に考えず，柔軟な思考も求められる。

[2] 壁の克服と事前学習の意義　　学生がこれらの5つの壁をスムーズに乗り越え，自分探しや職業人としてのアイデンティティの確立を支援していくことが，養成教育の根幹となる。そのなかでも，配属実習経験が，学生のアイデンティティ確立や職業選択に大きな影響を与えるであろう。実習体験は，学生がソーシャルワーカーとしての人生を選択するにあたって重要な位置を占める体験である。その配属実習を有意義なものとするための事前学習の意義は，限りなく大きいといえるであろう。

2-2　事前学習に臨む学生の不安と施設の要望

[1] 学生の期待と不安　　実習の事前学習に臨む学生は，多くの期待と不安，疑問を抱えている。事前学習の初期に学生がもつ不安や質問・疑問について，以下に参考として提示する。
① 実習全体，履修方法に関すること
  ・自分がやれるかとても不安
  ・実習の1日の流れ，業務について
  ・実習先の種類と選択のポイントについて
  ・体力に自信がないが，可能な方法があるか
  ・積極的にといわれるが，どこまで利用者と関わればよいのか
  ・他資格との並行履修は可能か
  ・実習指導と社会福祉援助技術演習との関係について
② 実習機関・施設，実習内容，期間，形態，実習事務等実習の具体的内容に関すること
  ・実習中の怪我や病気への対応について

- 実習中の服装について
- 宿泊しての実習と通いの実習との違いについて
- 実習機関・施設の自己開拓について
- 実習費用について
- 実習中の休日について
- なぜ夏期休業期間中に実習しないとならないのか
- 学内において実習先資料の閲覧は可能か
- 実習前相談体制について
- 身体障害があるが，配属実習先や内容等配慮されるか

③ 授業内容や成績評価に関すること
- 必読書や勉強法を教えてほしい
- 介護技術について教えてほしい
- 配属実習先を決定する際の選考基準を知りたい
- 成績評価の仕組みを知りたい

④ 実習後の就職に関すること
- 社会福祉士試験受験資格を取得すると就職に有利か
- 実習と就職とは結びつきやすいか

[2] 実習機関・施設の実習生，養成校に対する要望　　一方，実習生を受け入れる実習機関・施設も，実習生や養成校に対して多くの要望をもっている。実習担当者との打合せ会を実施したり，実習機関・施設に対してアンケートを実施して機関・施設の要望把握に努めている大学もあるが，それによると，たとえば次のような要望・意見が寄せられている。

① 実習生に対して
- 単位取得のためだけの実習は遠慮してほしい
- 実習の目的を明確化して参加してほしい
- 実習生のモラルの低下を感じる。対人援助の緊張感が欠如し

ている
- 挨拶,聴く姿勢など基本的な礼儀作法ができていない
- 基本的な知識習得後に実習してほしい
- 積極性や意欲を期待する

② 養成校に対して
- 実習生本人に関する情報を望む
- 事前教育をきちんとしてほしい。自覚の足りない学生がおり,養成教育の問題である
- 評価票の作成に苦労する。もっと実態を反映するものに工夫が必要
- 現場から学びたいと願う学生を送ってほしい
- 施設と大学との交流をもっと密にしてほしい
- 大学の実習に対する期待や考え方を知りたい

③ 施設の受入れ態勢について
- 大学で実習を受け入れる施設職員の研修の機会を用意してほしい
- 実習生にきちんと関わりたいと思うが余裕がない
- プライバシーの問題があり,利用者に関する記録等はみせられない
- 母との関わりは限定され,子どもとの関わりが中心となることを理解してほしい
- 施設の専門性を高めてはじめて,マンパワー教育ができる
- 基本的に介護中心の実習となることを理解してほしい

[3] 事前学習の意義　　事前学習の意義とは,こうした実習生の期待と疑問に応え,配属実習機関・施設の実情も勘案しつつ実習に対する学生の自覚と心構え,意欲を培い,これまで授業を通じて学んできた知識と技術を現場において統合させるための準備を行

う学習であるといえよう。また，養成校および事前指導にあたる教員にとっても理論と実務を統合する機会となり，さらには，社会福祉教育のあり方が問われる機会となることを忘れるわけにはいかない。実習とは，前述の社会福祉の4Hを実習経験を通じて統合させる営みであり，事前学習とは，そのための諸準備を行う重要な意義をもつ学習であるといえるであろう。

3 事前学習の内容

次に，事前学習の進行に沿いつつ，いくつかの中心となる学習事項別にその実際と留意事項等について解説したい。なお，❶～❷章との重複を避けるため，配属実習決定後のより具体的な事前学習を中心に述べていくこととする。

3-1 配属機関・施設に関する学習，見学実習

配属実習決定後は，配属実習対象機関・施設種別および実際に配属される実習機関・施設について，少なくとも以下に掲げる事項に関する学習が必要である（以下，日本社会事業学校連盟・全国社会福祉協議会［1996］をもとに著者改正）。

[1] 配属実習機関・施設の法的位置づけ，サービス，利用者等について

(1) 社会福祉法において，第一種社会福祉事業，第二種社会福祉事業のいずれに位置づけられているか。
(2) 実習機関・施設は，どの法律のどの条文に規定されているか。
(3) 実習機関・施設を規定している根拠法律の理念や主旨はどのようなものか。法律の具体的条文等を抜き出しつつ整理する。
(4) 実習機関・施設と同じ法律に規定されている機関・施設には，どのようなものがあり，それぞれがどのように異なっているか。

(5) 実習機関・施設の規模，設備，職員等の基準はどのような法令，通知に基づいてどのように決められているか。それらが明記されている法令や通知から該当部分を抜き出して整理する。
(6) 実習機関・施設のサービスの対象となる者の具体的要件や利用要件，利用の実情についてまとめる。
(7) 入所，サービスの決定は，どこがどのように行うか整理する。
(8) 実習機関・施設の実態，利用者の最近の動向について，白書や各種統計，事例報告等により整理する。
(9) 実習機関・施設の利用者の権利保障の理念，仕組みについて整理する。
(10) 実習機関・施設の課題，さらには，周辺領域の現状と課題について学習する。

[2] 配属実習機関・施設の概要　　次に，個々の学生が配属される機関・施設についての学習を進める。学習内容は，たとえば以下の事項が挙げられる。

① 実習機関・施設の名称
② 設置・運営主体
③ 創立年月日と規模，定員等
④ 沿　革
⑤ 組　織
⑥ 関連するおもな社会資源とそれらとの関係（たとえば，エコマップを活用する）
⑦ サービスの内容，日々の生活の流れ
⑧ 利用者の状況と近年の動向
⑨ 職員，とくにソーシャルワーカーの配置や名称，業務内容等
⑩ 地域活動その他当該施設に特徴的なサービス等

なお，これら具体的な機関・施設の概要について把握するために

は，事前訪問や機関・施設が実施する実習オリエンテーションの機会をとらえ，パンフレットや事業概要等必要な資料の収集と基本的事項のヒアリングが必要とされる。こうした機会が得られない場合に備え，大学に，各実習機関・施設のパンフレット，事業概要等を整備しておくことも求められる（たとえば，巡回訪問指導時に収集しておくことが求められる）。

[3] **見学実習**　　ここで，**見学実習**について解説しておきたい。見学実習は，各養成校の実習教育課程のなかで，さまざまに位置づけられる。初期に位置づけられる場合は，視聴覚教材を補完し，法令指定機関・施設業務の理解を促進する一環として，中期の場合は，配属されることとなった機関・施設種別の概要を理解するための一助として，後期の場合は，配属機関・施設そのものの雰囲気に慣れたり，場合によって，実習計画作成の参考とすることを目的として実施される。後期の場合は，現場体験学習の一環として実施されることもあろう。

見学実習は，通常，機関・施設の実習担当職員による説明と施設見学，それに質疑応答によって構成される。場合によって，短時間の体験学習や利用者との交流が組み込まれることもあろう。見学実習を有意義なものとするためには，事前の学習が欠かせない。とくに，[1]で述べた見学機関・施設の基本的事項に関する事前学習が必要である。

ビネット 9

実習前に実習先施設に関する整理を行ったAさん

3年次生のAさんは，8月から4週間集中で母子生活支援施設Bホームで配属実習することとなり，その事前学習として，母子生活支援施設について学習を進めた。その結果，少年指導員には任用資格要件が規定されていないこと，また，母子指導員の任用資格が保育士ないしは高卒

後2年の実務経験とされていることを知った。したがって、社会福祉士の資格を取得しようとするAさんが母子生活支援施設で業務を行う場合、最初は少年指導員として勤務することになることがあらためて理解された。さらに、施設の機能として、近年は、夫の暴力から逃れてくる母子のための緊急保護ニーズが高まっていることを知り、ドメスティック・バイオレンスに関する学習をさらに進めることとした。

3-2 社会福祉援助技術に関する学習

次に、配属実習施設において活用される社会福祉援助技術に関する学習と整理も必要となる。社会福祉援助技術の実際については社会福祉援助技術演習において主として学習がなされるが、社会福祉援助技術演習における学習は特定の機関・施設を念頭においたものではないため、配属機関・施設確定後は、当該施設においてとくに必要とされる技術的事項についての学習、整理が求められる。また、当該施設に特有の技術についても学習する必要がある。具体的には、❷章において詳述されているので参考にされたい。ここでは、とくに、ロールプレイと事例研究について取り上げることとする。

[1] ロールプレイ　　ロールプレイ (role play) は役割演技法ともいい、社会福祉援助技術を獲得するために欠くことのできない学習法である。たとえば、身体障害者施設での実習の場合には2人ペアになっての車椅子体験とその介助体験が有効であろうし、特別養護老人ホームでの実習の場合には、介護される側とする側の両方を体験し、お互いに話し合うことなどが有効であろう。

しかし、ソーシャルワーカーとしての実習において最も必要とされるのは、面接に関するロールプレイである。まず、2人1組となってワーカーと利用者の役割を決める。利用者役の人は、なるべく

自身のあまり深刻でない悩みや心配ごとを設定してワーカー役の人に相談をもちかけ、30分程度面接を進める。その後、それぞれが面接を振り返り票に記入を行い、この間の自身の感情の動きを再確認する。その後、両者で話合いを行い、利用者の感情の動きとワーカーの態度、対応について確認作業を進める。自身が利用者となることで、利用者の感情の流れを理解し、また、ワーカーはフィードバックされることで自身の態度、対応を確認することができる。また、自己理解、自己覚知にも資する体験となる。この後、ワーカー役のグループと利用者役のグループをつくり、ディスカッションを通じてそれぞれのグループ内で体験の共有化を図り、発表し合うとなおよい体験となる。なお、時間があれば、役割の交代も行いたい。

[2] **事例研究**　　配属実習機関・施設種別における事例についての検討も重要である。たとえば、児童養護施設で実習する場合、児童養護施設における援助事例を事例集、実践報告集等から選定し、検討課題を設定したうえで、みずからが施設のソーシャルワーカーになったつもりで事例研究を行う。グループでディスカッションを行い、グループ内でできるだけ統一した援助方針を出すことができれば、グループワーク体験としても有効である。

たとえば施設から無断外出した事例の対応方針について検討する場合、記述された記録から児童が無断外出をするに至ったサインを発見し、その行動の意味を探る。行動の意味を理解することが、次のステップにつながるのである。それは、無断外出という行動のみをみていては理解できない。援助の指針はそこから生まれる。

また、社会福祉援助技術を習得するための事例研究は、そこから普遍的事実を導き出すことを目的としているわけではない。利用者のよりよい援助を目的としている。援助を目的とした事例研究を行うためには、自己を事例に関与させつつ検討する姿勢が求められる。

「もし私が指導員だったとしたら，この児童のこの行動に出会ってどんな気持ちになるだろうか」「もし私がこの子どもだったとしたら，無断外出中，どこに行くだろうか」といった姿勢で事例を読むことが求められる。自己を関与させ，共感的理解を図りつつ事例研究を行いたい。

なお，事例は生の人間関係の記録であるだけに，事例研究を行うことによって，自己の対人関係のもち方や自己の未解決な課題に気づかされることも多い。みずからの対人関係のもち方を一定程度了解しておくことは援助者としては非常に重要なことであるが，場合によって，教員その他のスーパービジョンやカウンセリングを必要とする場合もある。前項で述べたロールプレイも同様であり，スーパーバイザーの存在など一定の条件下で行われることが望まれる。

ビネット 10

事例研究で自分の親との関係に気づかされたCさん

　事前学習においてグループで不登校児童の援助事例を検討していたCさんは，途中，胸が苦しくなり，討議に参加することがつらくてならなくなった。子どもに対する母親の対応に腹がたち，母との面接で受容的に対応しているワーカーの態度が許容できず，子どもの気持ちがわかるようで涙が出そうになっている自分に気づいた。他の学生が客観的に親の態度やワーカーの姿勢をとらえていることにも腹がたち，ついきつい表現をして他のメンバーを驚かせたりした。

　授業終了後，担当の教員に相談にいってじっくり話を聴いてもらった結果，自分自身がこれまで母の期待どおりに行動していたことに気づき，自由に生きる妹をうらやましく思っていることに気づかされた。Cさんは，これからも担当教員との話合いを続けるつもりでいる。

3-3 事前訪問，実習オリエンテーション

これらの学習と並行して，通常，配属実習機関・施設への事前訪問が行われる。また，実習先からの実習オリエンテーションに出席を求められる場合も多い。ここでは，これらの実際および留意事項等について整理したい。

[1] 事前訪問，実習オリエンテーションの意義

事前訪問は，実習生が配属実習機関・施設を直接訪れ，実習担当職員と会い，また，実習機関・施設を見学し，実習に必要な事項について打ち合わせる機会である。また，実習機関・施設から，実習に関するオリエンテーションがもたれる場合もある。その場合は，その機会を利用することとなる。実習生にとっては，実習先の具体的イメージをつくりあげるのに大きな効果をもつ機会となる。

また，事前訪問，オリエンテーションは実習担当職員と実習生とが初めて出会う機会であり，その後の配属実習を規定する重要な機会でもある。お互いに顔なじみとなることにより，実習当日の緊張を和らげる機会ともなる。

機関・施設によっては，オリエンテーションが実施されず，また，事前訪問も原則として対応できないところもある。その場合であっても，実習先まで必ず事前に訪問を行うべきである。事前訪問の意義は，実習担当職員に会ったり，施設見学をするだけではない。自宅から実習先の交通機関と所要時間，電車やバス等の時間の間隔，始発や終電の時間等の確認を行い，また，実習先での昼食の購入先その他地理的状況の確認を行う機会として，一度は訪問しておくことが必要である。

なお，実習オリエンテーションについては，各養成校の授業を通じても実施される。この場合は，配属実習の諸手続や具体的留意事項その他事務的事項に関する事項が中心となることが多い。

[2] 事前訪問, 実習オリエンテーションでの確認事項

事前訪問で実習担当者と面会ができたり, また, 実習先でオリエンテーションが開催される場合には, 機関・施設の概要説明, 利用者に対する態度等に関する注意, 実習中の日課と勤務体制に関する事項の説明および実習中の生活に関する注意等が行われ, 施設見学が行われる。実習生はそれらの説明, 注意を真摯に受け止めるとともに, 必ず以下の点について確認を行う。

① 実習開始日, 機関, 服装, 必要な用具その他持参すべきもの
② 実習初日, いつ, どこに, 誰を訪ねるのか
③ 実習の形式 (宿泊型, 通勤型)
④ 実習のスケジュール
⑤ 食費, その他諸費用
⑥ 実習までに準備すべきこと (健康診断を含む), 学習課題等

なお, オリエンテーションでは, 実習先から, 実習までに行っておくべき学習課題が提示される場合がある。通常は, 養成校における事前学習で学んだことを応用した課題であるが, 機関・施設によっては, 特定の文献を読んでの感想を求めたり,「自分を語る」といった作文の提出を求められる場合もある。

さらに, 事前学習でかりに作成していた実習計画を持参するよう指示される場合もあるが, 反対に, 事前訪問で実習のスケジュールが説明されたのち, 実習計画の作成を求められることもある。いずれの場合も, 実習計画を, 事前訪問やオリエンテーションを経て確実なものにしていくことが必要である。なお, 事前の健康診断の有無やその内容についても確認が必要である。

[3] 事前訪問, 実習オリエンテーションでの注意事項

配属実習は, 社会人としての仕事の場に参加することであり, 利用者の生活の場に参加することでもある。最も必要とされるのは, 礼儀

やルール，一般常識などいわば一人前の社会人に当然のこととして求められる事項である。電話のかけ方，挨拶の仕方，敬語の使い方その他の言葉づかい，TPOを心がけた服装などのほか，時間に遅れない，約束を守る，報告・連絡を怠らないといった社会的ルールやマナー，その他社会人としての一般常識を知らなかったために注意を受ける者は多い。事前訪問やオリエンテーションの場は，そんな一般常識を試される機会となることを忘れるわけにはいかない。

ビネット11

実習オリエンテーションで事前学習について聴かれたD君

　配属実習施設で開催されたオリエンテーションには，D君のほか他大学の実習生も数人きていた。実習担当者は，集まった学生たちに各大学での事前学習の内容について問いかけた。D君は，実習では利用者である高齢者の方々とふれあうことのみを期待していたため，あまり事前学習には熱心ではなかった。そのため，特別養護老人ホームの特徴や介護保険制度，ソーシャルワーカーとしての実習の内容等についてほとんど答えることができず，実習担当者から「君の大学の実習教育は，いったいどうなっているのか」と責められ，後日，大学にも指摘の電話が入った。

3-4　現場体験学習

次に，現場体験学習について述べておきたい。現場体験学習も，前述した見学実習と同様，各養成校の実習教育課程のなかで，さまざまに位置づけられる。初期に位置づけられる場合は，実習で行うこととなる機関・施設の業務の理解を促進する一環として，中期の場合は，配属されることとなった機関・施設種別における業務を理解するための一助として，後期の場合は，配属機関・施設そのものの雰囲気に慣れたり，場合によって，実習計画作成の参考とするこ

とを目的として実施される。そのため，見学実習と一体化して行われることもあると思われる。

現場体験学習は，たとえば実際の介護サービスの理解や各種サービスの利用体験を，現場において行ってみることに意味がある。実習前に業務を体験してみることによって，配属実習までに何を習得すべきかが確認できるし，実習計画も，より明確なものとすることができる。施設の場合は，各種の行事のときに，ボランティアを兼ねて現場体験学習ができることが多い。実習先の事情にもよるが，事前学習としてはぜひ行いたい学習である。

4 配属実習の流れと実習の心構え

4-1 配属実習のパターン

配属実習の全体的な流れをつかんでおくことも重要である。社会福祉援助技術現場実習としての配属実習に求められる時間数は180時間以上であり，1日8時間の実習を行うとすると，23日間以上となる。これに休日を加えると，ほぼ4週間となる。この4週間の配属実習をカリキュラム上どのように位置づけるかは，各養成校の考え方によることとなる。3年次に，1つの機関で4週間集中して配属実習を実施するところもあれば，3年次に2カ所の配属実習を各2週間ずつ実施するところもある。また，3年次に1カ所2週間，4年次に1カ所2週間と学年を分け，段階を踏んだ実習カリキュラムを組んでいるところもある。さらに，全体で4週間以上，場合によって計6週間の配属実習を学生に課している養成校もある。学生ごとに異なったパターンを採用しているところもある。

このように配属実習の配置パターンは各校により多様であるが，大きく4週間集中実習と，2週間ずつの分散実習に分けられる。4

週間集中実習は，より深い内容の実習ができるが，1カ所のみの実習にとどまりがちであり，2週間分散実習は，実習内容は4週間集中に比較して浅くなることは否めないが，たとえば，児童相談所と児童養護施設とを組み合わせることで，ソーシャルワーカーの業務について機関・施設をまたがって学ぶことができるなど，メリットも多い。いずれの方法もメリット，デメリットがあり，どのような方法をとるかは，各養成校のソーシャルワーカー養成に対する考え方いかんによるといえるであろう。

4-2 配属実習の流れをつかむ

配属実習の流れをつかみ，みずからの実習の全体像をイメージできることは，実習に臨む姿勢を確立するのみならず，実習計画を作成するうえでも重要である。配属実習の流れをつかむ方法としては，前述した見学実習や現場体験学習，事前訪問・実習オリエンテーションなどのほか，視聴覚教材を用いての学習も有効である。現在は，ソーシャルワーカーの業務に関するビデオや代表的な施設種別について配属実習の流れや留意事項等を折り込んだビデオなども作成されており，有効に活用したい。

また，実習モデルを用いての学習も有効である。たとえば，以下は児童養護施設における実習モデルであり，こうしたモデルを配属実習機関・施設と養成校とが協力して作成し，学生に提示することで，実習イメージの深化と計画作成に資することができる。

配属実習モデルの例──児童養護施設

《第1週（1日〜7日）……施設の生活を知る》

担当者：実習総括担当者，施設長，児童指導員，保育士

実習内容：施設の概要，職員の一般的役割などの理解と施設の生活を知ることに重点をおいた観察・参加学習を行う。

(1) 施設の役割・機能とその概要について学ぶ
  ・施設の理念や運営方針,施設構造,概要について学ぶ。
  ・職員の種類や役割,業務,組織,勤務形態等について学ぶ。
  ・職員会議,事例検討会議を傍聴させていただき,チームワークのあり方について学ぶ。
  ・児童指導員の役割と業務について学ぶ。
  ・1日および1週間の生活の流れについて理解する。
(2) 児童の概要,職員の児童への関わりについて理解する
  ・児童に自己紹介をし,また,児童の名前や個性などについて理解し,関わりの基礎がためをする。
  ・児童と生活をともにし,行動の観察を行う。
  ・生活の流れを知り,施設の雰囲気に慣れる。
  ・児童指導員,保育士などの児童に対する援助について観察する。
  ・職員とともに,児童への関わり・援助について観察・参加学習を行う。
(3) 毎日の実習の進め方について
  ・事前に学習した児童養護施設の概要,実習計画等をまとめた資料は必ず持参すること。
  ・事前に立てた実習計画について,対応が可能か確認すること。
  ・1日の課題を立て,計画を確認し,実行したら実習記録に記載し,職員のスーパービジョンを受けること。
  ・児童との関わりなど重要な事項については,報告・連絡・相談を心がけること。
  ・この時期は,「慣れること」「理解すること」が主たる課題となる。
  ・守秘義務,その他実習中の一般的な留意事項を厳守すること。

(4) 被虐待児への対応，リービング・ケアの実際など個別具体的課題も合わせて設定し，事前に調べるなどして目的意識を明確化しておくと，さらに有意義な実習となる。

《第2週（8日〜14日）……施設の生活を把握し，援助場面への参画を行う》

担当者：実習総括担当者，児童指導員，保育士

実習内容：施設における児童の生活の個々の場面状況を把握し，児童とのコミュニケーションを図り，職員の指導のもとで援助に参画する。

(1) 児童との関係づくり，コミュニケーションを行う
　・さまざまな機会を利用して，児童との適切な関わりができるよう実践してみる。
　・言葉づかい，態度等児童とのコミュニケーションのための基本的な姿勢を身につける。
　・児童の友人関係や職員との人間関係について観察し，理解する。
　・援助者としての自分のあり方へのフィードバックを行い，福祉専門職としての自己を養う。

(2) 職員の業務，チームワークのあり方について学ぶ
　・児童指導員の業務について，指導員業務に同行させていただき学習する。
　・日常生活の各場面における職員の業務と役割について学習する。
　・職員の勤務形態とチームワークのとり方について学習する。
　・職員会議，事例検討会議の話題，運営について学習する。
　・食事，健康管理等の業務を観察または参画し，その意義について理解する。

(3) 援助の実際について学習する
- 児童の援助のための職員の配慮について学ぶ。
- 個別援助，グループワークの実際について，実際場面に同席し学習する。
- 集団生活のなかでの生活の問題点についても着目し，職員の工夫について学習する。
- 学校，保護者等児童の関係者に対する対応の方法について学習する。
- 行事等があれば，その意義などについて学ぶ。
- 病気への対応等，生活場面で起こるさまざまな出来事への対応について学習する。

(4) この時期は，「まねること」が主たる課題となる
(5) 個別の実習課題についても，随時取り組む

《第3週（15日～21日）……特定の児童や児童集団との関わりを深め，共感的理解を深めるとともに援助関係を経験する》

担当者：実習総括担当者，児童指導員，保育士

実習内容：これまでの体験をもとに，特定の児童や児童集団に対する共感的理解を深めるとともに，その援助課題について把握し，援助計画を立て実際に援助を行ってみる。また，児童指導員の業務について，さらに深く学ぶ。

(1) 特定の児童または同グループの数人の児童について共感的理解を深め，援助課題を考え，職員の指導のもとで実践する
- 関わりをもつ児童を決め，その児童の児童票や処遇記録を読ませていただく。
- その児童の家族背景，これまでの環境などについて理解したうえで児童と関わり，児童の言動の意味について共感的理解を試みる。

・担当者のその児童に対する関わりについて，その意味を理解するよう努める。
　　・できれば児童相談所を訪問し，その児童の担当児童福祉司の話を聞かせていただく。
　　・その児童の記録を要約し，援助課題，援助目標等を考え，援助計画案を作成してみる。
　　・当面の援助を担当者の指導のもとに行ってみる。
　　・以上について担当者のスーパービジョンを受ける。
　(2) 保護者，関係機関，地域との連携の実際について学ぶ
　　・児童指導員の対外業務を観察し，場合によって同行させていただく。
　　・児童指導員と保育士の役割分担について明確化する。
　　・保護者との面接に陪席させていただき，その対応のあり方，意義について理解する。
　　・卒園生への対応などアフターケアの取組みの実際を理解する。
　　・専門職としての職業倫理について学ぶ。
　(3) 行事等の企画，施設運営について理解を深める
　　・行事等があればその企画・準備等に参画し，実際に体験する。
　　・職員の勤務条件の実際を理解する。
　　・費用など施設の運営に関する事項について学習する。
　(4) この時期は，「考える」「尋ねる」ことが主たる課題となる
　(5) 個別の実習課題について，さらに学習を深める

《第4週（22日〜28日）……特定の児童に対する援助計画を作成するとともに，実際に援助を行ってみる。また，児童養護施設における児童処遇，自身の関わりについて総括する》

　担当者：実習総括担当者，施設長，児童指導員，保育士
　実習内容：特定の児童に対する援助計画について職員のスーパー

ビジョンによりさらに明確化し，実際の場面で児童への援助を試み，その成果についてまとめる。また児童養護施設における児童援助や自身の関わりについて総括する。

(1) 特定の児童の援助計画を策定し，実際場面で援助を試みる
  ・特定の児童の援助課題について担当者と確認し，実際にその一部を担当する。
  ・職員の援助との差と質の違いについて知る。
  ・自身の援助の問題点についてスーパービジョンを受け，再び援助を試みる。
  ・自身の援助のあり方，そのときの気持ちなどについて考える。
  ・職員とその児童の援助，援助計画について話し合い，援助計画書を固める。
(2) 児童指導員の役割と機能についてまとめる
  ・これまでの実習をもとに，児童指導員の役割と機能についてまとめる。
(3) 児童養護施設における児童援助と自立支援の課題などについて学ぶ
  ・児童養護施設における実習を通じ，児童養護施設の役割と機能，社会的養護のあり方，児童養護の課題などについて自分なりにまとめる。また，個別の実習課題についてまとめを行う。
(4) この時期は，「考えること」「総合化すること」が主たる課題となる

《最終日……実習の総括と反省会》

実習を通して，児童養護施設やそこでの援助のあり方，援助者としての自身のあり方などを総合的に振り返る。
  ・実習担当者に反省会をもっていただき，現在の自分の気持ち，

実習のなかで発見したこと，学んだこと，できなかったことなどを話し合う作業を行う。
・実習担当者から総合的な評価をしていただき，今後の自己の課題を明らかにする。個別の実習課題についても意見をいただく。

(以上，京都児童福祉施設実習教育連絡協議会［1993］を参考に著者作成。淑徳大学社会学部社会福祉学科［2000a］収載)

4-3 配属実習の具体的心構え

最後に，配属実習に向かう際の具体的心構え，留意事項について述べておきたい。まず，最も大切なことは，自分にとっての実習の意味を再確認しておくことである。❶～❷章に書かれている基本についてあらためて確認するとともに，自分は，なぜ実習を行おうとしているのかについて，十分反芻しておくことが求められる。モティベーションこそが，実習の成否を決する最も基本的な要因となるのである。

第2は，体調の維持と健康管理である。実習はまったく新しい体験であり，慣れるまでは肉体的にも身体的にも大きな疲労感を伴う。体調も崩しがちになる。そのため，実習前からの規則正しい生活態度を心がけておくことが必要である。

最後に，一般的注意事項について付記しておきたい。本章 *3* の事前訪問，オリエンテーションの項でいくつかの注意事項について述べているが，これは，何も事前訪問，オリエンテーション時に限らない。配属実習中も含め，たとえば以下の点について注意が必要である。

(1) 出勤時など笑顔で元気な挨拶。
(2) 職員，利用者，実習先への来訪者等に対する言葉づかいに注意。

(3) 宿泊室，更衣室等使用した部屋の整理整頓。
(4) ゆとりをもって時間厳守。
(5) 退勤時の挨拶。とくに，やむを得ない遅刻，早退，欠勤の場合は，事前に連絡し了解を得る。病気の場合も同様。
(6) 服装，身なり（アクセサリー，マニキュアは原則としてしない）に留意。指導者に確認すること。また，実習中の携帯電話等の使用禁止。
(7) 実習中は禁煙。
(8) 利用者との関わりに関しては，実習指導者に報告・連絡・相談を忘れない。また，頼まれた仕事が終わったら，必ず依頼者に報告する。
(9) 疑問や質問，意見は，TPOや伝え方を考える（事情がわからないまま軽率に問題を指摘したりしない）。
(10) 実習生同士で固まって私語などはしない。

どれも自立した社会人として当然のことばかりであり，こうしたテキストに記載することはどうかと思われるが，実習担当者から指摘が最も多いのはこうした事項であることを忘れるわけにはいかない。

Column ❶ 実習を通じて体得したさまざまな自己に対する気づき（実習担当教員の所感）

　学生たちは，実習を通じ，自己についてさまざまな気づきを行う。筆者は，子どもとの関わりを中心とする施設で実習する学生を担当しているが，彼らが実習で体得したことの多くが，子どもとの関係を通じた自己への気づきであった。子どもたちとの関わりは，自分自身のあり方に直接響く。なかには，これまで気づかなかったり，抑圧したりしていた心の琴線にふれ，動揺した学生もいた。

- 「子どもに嫌われたくないという反面，先生としていうことを聴いてもらえる威厳を保たなければいけないという焦り」が氷解し，ありのままの自分でいることの大切さを認識していった学生
- 「今まで気づかなかった自分の性格などについて知ることができた」学生
- 子どもからの指摘により，知らず知らず「子どもたちに対して不平等な対応をしていた」ことに気づかされた学生
- 「注意をするときに……どうしてそういうことをしたのか，どういう気持ちがしているか，……（について）おろそかにしてしまいがち」だった自分の関わりの姿勢に気づいた学生
- 「私自身の居心地のよい場を確保するために子どもたちのなかに入り込むようであってはならない」と気づかされた学生

　それぞれの声を真摯に受け止めたいと思う。実習とは，ソーシャルワーカーとして必要な知識，技術を実践の場において統合する営みであると同時に，学生たちが人間として大きな成長を遂げる機会でもある。事前学習は，そのような実習を，一人ひとりの学生がかけがえのない体験として実感できるようにするための基礎固めの意味をもつ学習であると考えている。

（「　」内は，学生の実習報告〔淑徳大学社会学部社会福祉学科［2000b］〕より引用）

● 演習問題 ●

1 実習前の不安，悩みなどを具体的に書いてみよう。初期の不安，悩みが，学習が進んでいくにつれてどのように変わっていくのか確認しよう。また，それらについてグループで話し合ってみよう。

2 事例研究を行ってみて，機関・施設における援助の実際を，自分が担当ワーカーになったつもりで追体験してみよう。

3 事前訪問の依頼の電話など具体的な場面を設定して，ロールプレイをしてみよう。

4 配属実習機関・施設について各自が調べたことをグループで共有し合い，機関や施設に関する基本的知識を再確認してみよう。

5 相談関係をロールプレイで模擬体験し，自分の対人関係のもち方などについて自己覚知を進めてみよう。

■ 引用文献 ■

日本社会事業学校連盟・全国社会福祉協議会編［1996］『社会福祉施設現場実習指導マニュアル』全国社会福祉協議会

京都児童福祉施設実習教育連絡協議会［1993］『養護施設社会福祉援助技術現場実習のガイド』

淑徳大学社会学部社会福祉学科［2000a］『平成12年度社会福祉現場実習の手引き』淑徳大学

淑徳大学社会学部社会福祉学科［2000b］『平成11年度社会福祉現場実習報告書』第2号，淑徳大学

淑徳大学社会学部社会福祉学科現場実習運営委員会［2000］『社会福祉現場実習実習記録』淑徳大学

淑徳大学社会学部社会福祉学科社会福祉現場実習運営委員会・社会福祉実習指導センター［1998-2000］『社会福祉実習指導センター年報』第1号～第3号，淑徳大学

4章 実習計画の作成

本章で学ぶこと

　配属実習が開始されるまでに、実習生はさまざまな準備が必要です。そのうちの1つに実習計画の作成があります。ここでは第1に、実習計画とは何か、その必要性と構成内容について理解しましょう。第2に、実習計画の作成方法とその活用の仕方を学習します。計画を立てるためには何から始めて、どのように進めていけばよいのか、計画を実行に移す際に留意すべき点は何かについてステップごとに把握しましょう。また、実習先の種別によって（施設か機関か）実習内容も異なるため、その違いについても理解しておく必要があります。本章を読みながら自分の実習計画を考え、できれば実習生仲間や教員とともに計画案について話し合い、具体的で深い理解を得られるようにしましょう。

1 実習計画とは

1-1 計画とは

　私たちは日頃からさまざまな計画を立てる。実習に限らず，試験の準備をするとき，試合や大会などに出場するとき，旅行に行くとき，コンパや何かの会などイベントを開催するとき，あるいは大掃除や買い物をするときなどでも，私たちは計画を立てる。個人やグループだけでなく，地域，国でも多くの計画が立てられ実施されている。たとえば，ゴールドプランや障害者プラン，エンゼルプラン，地域福祉計画などの社会福祉計画，また，環境整備計画や災害予防計画などである。しかし，一方，無計画に物事が進められ，それがとくに問題視されないこともある。ではなぜ計画を作成するのであろうか。

　計画を作成することは，目標を設定して，それを達成するための方策を検討し，どのような行動をとることが適切かをよく考えて決定するプロセスである (Barker ed. [1999])。それは，あることに関して，なるがまま運に任せるのではなく，将来を望ましい状態にするための積極的な試みである。具体的には，次のようなことを意図して計画は作成される。

　(1) 目標と意義の明確化　　何かを成し遂げるためには，まず，目標が明確でなければならない。明確な目標が設定されてこそ，目標達成のために何が必要か，どのような段取りで準備を進めていけばよいかを具体的に考えることができる。たとえば，「どこか山に行こう」と「A山の頂きに登る」は違う。前者では体力をつけたり基本的な装備を整えたりといった一般的な準備はできるが，「A山の頂きに登る」という明確な目標があれば，どの程度の装備で行

けばよいのか，宿泊や交通機関をどうするのかといった具体的な準備が可能となる。また，人は行為や存在に何らかの意味を見出すとき，やりがいを感じ，困難に耐えることができる。何のためにという目的意識をもち，それにどのような意味があるのかを見出すことで，目標達成のモチベーションが高まることが多い。

(2) 目標達成のための具体的な方策の検討　設定された目標に到達するには，実際にどのような取組みをするのかを決めていかねばならない。目標を達成するのは単純なことではない。先の例の山に登るという目標を達成するためには，その山の地理や気候などについての十分な情報を得ること，体力や登山の技術をつけること，装具を整え，扱い方に習熟すること，日程の調整や資金・物資の調達，関係者への理解や協力の依頼，交通手段の確保，仲間との役割分担，登頂に際してのルートの選択やペース配分など多くの課題を，さまざまな制約のなかで克服していかねばならない。このような煩雑な事柄を整理し，取扱い可能な程度に分割して，それぞれについて誰が，どこで，何を，どのように，いつまでに行うのかなどを慎重に決定することが目標達成の鍵となる。

(3) 関係者の共通認識および合意形成　計画に複数の人々や機関が関わることや，計画の遂行が直接的あるいは間接的に，また意図的にあるいは予想外に人々や環境に何らかの影響を及ぼすことがよくある。したがって，関係者の間で意思の疎通を図り，状況についての共通認識をもつこと，そして計画について合意を得ることは，計画を遂行する際にきわめて重要である。一方的に作成され，支持が得られない計画が頓挫することは珍しくない。周囲の反対のために実施が困難であったり，役割分担がうまくいかねば，計画も絵に描いた餅である。計画はコミュニケーションの道具であり，計画書は取組みについての合意文書である。

(4) 計画遂行状況のモニターと結果評価の基準　計画実施の段階では，計画で定めた内容と照らし合わせながら，進行状況についてみていく必要がある。計画どおりに進んでいるか，計画は適切であったか，成果は出ているか，状況が変化して計画に不都合が生じていないか，予想外の事態が起こって新たな対応が必要になっていないか，などを点検していくのである。これらを見過ごし，必要な変更や修正を加えなければ，計画は，最も望ましい状況をもたらすという本来の役割を果たすことができない。また，終結の段階で，目標達成の成否，方法の適切さ，反省点と改善点などを検討することが，将来の計画に役立つ。

現実にはすべての計画が上記の4点を考慮して作成されているわけではない。しかし，これらを考慮しない計画は不満足な結果や失敗に終わることが多い。たとえば，目標や意義が曖昧なまま課題が設定されていると，その意味を見出せない人は疑問をもち，取り組む意欲をなくしてしまうだろう。目標は明らかでも具体的な方法や期限が適切に決められていないと，どうしてよいかがわからずに，またいつまでに行えばよいのかが不明確のまま，放置されて計画そのものが立消えになることもある。関係者に相談なく，あるいは反対されることを懸念して隠したまま計画を進めたために，関係者の怒りを買い，抵抗にあうことも少なくない。計画を作成したことに満足し，その後の経過について注意を払わない場合には，計画が実情に合わなくなっても修正できず，十分な効果が得られないだけでなく，その経験を今後に生かすこともできない。やはり，効果的・効率的にものごとをうまく進めるためには，上記の4項目について十分に検討した計画が重要である。

1-2 実習計画の意義

何かを成し遂げようとするときに計画が重要な役割を果たすことは先に述べた。実習計画に関しても同様であり，実習を実り豊かなものにするのに実習計画は役立つはずである。ここでは，実習計画が実際にどのように役立つのかを考えよう。

[1] <u>主体的に取り組む姿勢をつくる</u>　同じ実習施設に配属されても，受身の姿勢で指示されたことしかしない実習生と，目的意識をもって主体的に取り組もうとする実習生とでは，実習の充実度や満足度は異なる。変化や成長・発展を目的とするプログラムの成功は，当事者本人がいかに参画するかにかかっている。したがって，受身ではなく前向きの姿勢で臨むことが大切である。

実習において受身になる理由はさまざまであるが，①何かを学ぼうとする目的意識が希薄である，②学ぶ意欲はあるのだが，何をすればよいのかわからない，③現場の多忙さを目のあたりにして，邪魔にならないように遠慮してしまう，④自分の期待していた実習内容と異なり，不満やあきらめから無気力になる，などがあげられる。これらは実習計画をしっかりと作成すれば，未然に防ぐことができる。実習計画を作成するためには，何のために実習に行くのか，どのようなことをめざすのか，何をするのか，を考えなければならない。さまざまな制約のなかで与えられた機会を最大限に活用し，時間を有効に使うにはどうすればよいのかを考えなければならない (Hamilton and Else [1983])。それが主体的な取組みへとつながる。

[2] <u>実習プログラムを望ましいものにする</u>　実習施設では，実習生を受け入れる計画を作成する。実習生の指導に関わる職員の多くは，実習生が何を学びたいと思っているのか，何をしたいと考えているのかに関心をもっている。実習計画案をいっしょに見ながら話せば，学生は希望や期待を伝えやすい。実習指導者や担当教員

も学生の考えを把握しやすく，具体的なアドバイスを提供できる。

　始めに実習生が作成した計画の原案には，実習施設の機能や体制と照らし合わせたとき，適切ではなかったり，実施が困難なことが含まれている場合がある。そのようなときには修正が求められるだろう。実習生が気づかなかった重要なことがらについて計画に加えることを提案されるかもしれない。あるいは，実習生の希望をかなえるために，よりよい方法や活動を提案してもらえることもある。このように実習計画について話し合うことで希望や期待，実現の可能性などをすり合わせ，実習の中身（プログラム）を実習施設と実習生の双方にとって納得できる，望ましいものにしていくことができる。実習計画がないと（あるいは不明瞭な実習計画では），実習生，実習施設ともに何を優先して実習プログラムを組めばよいのかがわからず，行きあたりばったりで中途半端な実習になりかねない。

[3] 誤解や混乱を減らす　　　上記のように実習計画について実習生，実習施設，担当教員が協議し，共有することは，実習内容をより充実させるだけではなく，実習生と実習施設それぞれに期待される役割を明らかにし，誤解や混乱を減らすことにつながる（Royse et al.［1992］）。

　明確な目的意識をもった意欲的な学生が，実習先で思わぬ不評を買い，本人も不本意な扱いを受けたと落胆したことがあった。その学生は相談業務について学びたいと考えていたが，実習先では介護業務ばかりであった。なぜ相談業務を学ぶ機会を与えてくれないのかと不服に思いつつ，学生は自主的に相談業務を学ぼうと時間をみつけては資料を読み，職員に話を聞こうとした。ところが，介護業務を学ぶことが重要だと考えていた実習指導者の目には，学生が本来の実習内容をおろそかにし，余計なことをしていると映ったのである。教員が巡回訪問するまで，両者の間では実習計画について話

し合ったことが一度もなく，実習目的も内容についても考えが食い違っていることに気づかなかったのである。もし，両者が実習計画について協議していれば，実習施設側は学生の要望に沿う機会を提供できたかもしれない。たとえ，それができなくても，事情を理解できれば実習生も納得し，代替案を考えることができたであろう。

［4］日々の実習を振り返り，改善点を知る

実習計画に照らし合わせながら日々の活動や課題の達成状況について，みずから振り返ること（セルフ・モニタリング）や周囲からフィードバックを受けることは重要なことである。順調に進んで成果を実感できれば，自信がつき，継続して取り組む意欲もわく。一方，計画どおりに進まないのは要チェックのサインである。自分で取組み方を変えればよいのか，あるいは他の方法が望ましいのか，実習指導者や担当教員と相談しながら検討し，改善策を打ち出す必要がある。これは，実習を不本意に終わらせないために大切なことである。また，実習計画段階では予測していなかった状況におかれたり，実習途中から新たに学びたいことや学ぶ必要性を感じることがでてくる場合がある。このような場合も，当初の実習の目的や意義に照らし合わせながら，何が最も自分の将来にとって重要であり，そのために有効な方法が何かを検討することで，実習をより充実したものへと修正していくことができる。

実習終了時には，実習計画で定めた（あるいは途中で修正した）目標や課題がどの程度達成できたのかを自己評価すること，施設職員やできれば利用者から評価を受けることが大切である。評価により，実習で何が得られ，何が得られなかったのかが明らかになり，そこから今後，何をなすべきかという成長・改善のための方向性がみえてくる。実習計画で目標や課題が設定されていないと，評価の対象が曖昧で，評価を通して学ぶことができない。

[5] 援助計画作成の基礎を学ぶ　　実習計画の作成は，実習を実り豊かにするためのものであるが，さらに，社会福祉実践における専門技術の1つとしての計画作成について学ぶという大きな意義もある。社会福祉実践では，効果的な支援を行うために計画を作成する。個人やグループに対しては介入計画あるいは処遇計画，ケアマネジメントではケアプラン，地域レベルでは地域福祉計画など名称は異なるが，これらのプロセスは共通している。実習計画の作成も，同じ要領で行う。したがって，将来，社会福祉専門職となるためには計画に関する専門技術を身につけることが求められるが，実習計画の作成と実施を通じて，その専門技術の基礎を体験学習することができる。

また，社会福祉領域に限らず，保健・看護，医学，公衆衛生，教育など対人専門職における計画も目的や活動内容は異なるものの，計画の方法とプロセスは基本的に同じである。計画に関する知識や技術を習得することは，他職種との連携が必要なときやチームとして協働する場合にも重要なのである。

1-3　実習計画書

実習計画書は，学生が何をどのような方法で学びたいと考えているのかを実習施設に伝えるために，実習施設に提出する文書である。両者の合意を得た実習計画書は，学習内容についての契約書のような意味をもつ。したがって，整った形式で，簡潔に記す必要がある。多くの場合，学校が定めた様式があるので，それを用いればよい。実習計画書を構成する項目は学校によって違いがあるが，基本的な構成要素は次の4点である。

(1) この実習でどのようなことを学びたいのか。何のために実習にいくのか。

「目的」「実習のテーマ」「ねらい」「展望」などの用語で示される。

(2) 自分にとってこの実習はどのような意義があるのか。

「意義」「理念」などの用語で示される。上記 (1) のなかに含めていっしょに記述することもある。

(3) この実習で具体的に学びたいことは何か。

「目標」「達成課題」などの用語で示される。

(4) それを達成するためにどのような方法をとるのか，あるいはどのような活動をするのか。

「課題」「実習活動」「実習事項」「実習方法」「学ぶための具体的な方法」などの用語で示される。

用語が統一されていないため，混乱しやすいかもしれない。とくに，「目的」「目標」「課題」については，どれが上位概念か，どのように使い分けるか，人によって異なる。ここで押さえておくべきポイントは，概念的・抽象的なことや大まかなことから始まって，現実的・具体的で細かいことへと，段階をおって整理するということである。

そのほかに実習計画書に含む基本的構成要素として，実習生氏名，学籍番号，担当教員名，実習機関・施設名，施設指導者名，実習期間などがある。しかし，実習計画書が実習記録ノートのなかに組み込まれている場合には，計画書のページには計画に関わることのみを記述する様式をとっている場合もある。さらに，日本ではまだ一般的ではないが，評価方法（計画の進展具合をみるための指標）を実習計画書に入れることが勧められる。評価方法を含むと，計画書の内容がより具体的になり，実習達成度の状況も把握しやすい。

いずれにせよ用語や項目については既定の様式があるときはそれに沿い，教員・実習指導者に相談しながら実習計画を作成しよう。

実習計画書作成にあたって大切なことは，関係者（実習施設，実習生，教員）のいずれもが違和感なく受け入れられるものにすることである。

2 実習計画の作成方法

　実習計画の作成は，抽象的なものを現実的・具体的なものへと転換していくプロセスである。よい計画を作成し，有効に活用するためには，図4-1に示したようなステップを踏んで進むことが大切である。ここでは，ステップごとに説明する。

2-1　アセスメント（情報収集と分析）
　計画作成にあたっては，①実習，②自己，③実習施設のそれぞれ

図4-1　計画の企画・実行・評価

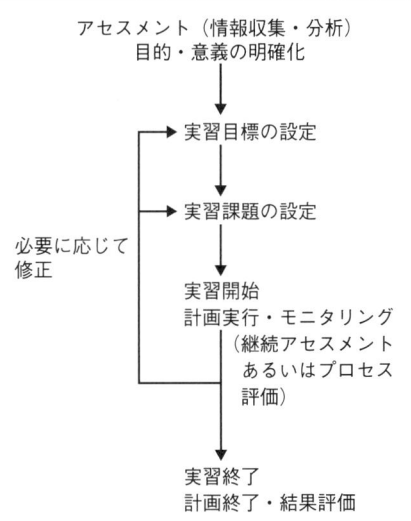

```
         アセスメント（情報収集・分析）
         目的・意義の明確化
                ↓
         →  実習目標の設定
         │      ↓
         →  実習課題の設定
  必要に応じて   ↓
  修正         実習開始
         │   計画実行・モニタリング
         │   （継続アセスメント
         │     あるいはプロセス
         │     評価）
                ↓
             実習終了
             計画終了・結果評価
```

についてよく知る必要がある。的確な情報が多いほど前もって実習内容を具体的にイメージすることができ，よい計画を作成することができる。とくに，以下の点について押さえておくことが必要である。

[1] **実　　習**　　実習とはどのようなものかが理解できているだろうか。たとえば，「社会福祉援助技術現場実習」の目標は何であろうか（本書「はじめに」参照）。実習計画の中身は，その目標にあったものでなければならないので，確認しておく必要がある。また，実習計画は，個々の実習施設における実習期間，実習形態，施設種別に合わせたものでなければならないので，それぞれについて理解しておかねばならない（本書❶章「社会福祉援助技術現場実習とは」参照）。学校に実習マニュアルがある場合にはそれを熟読するのがよい。

[2] **自　　己**　　まず，何のために実習に行くのか，実習が自分にとってどのような意義があるのか，を明らかにする。これらが実習計画の目的と意義である。次に，その目的に近づくために，今の自分にとって学ぶ必要があることは何かという学習ニーズを明確にすることが求められる。現在のことだけでなく，将来どのようになりたいのか，何をしたいのかを考えながら答えを導き出すことが大切である。将来の希望がはっきりしていれば（たとえば，将来，障害者施設で働きたいと思っているならば），それに合わせて実習計画を組むことができる。

自分自身について知ること，すなわち自己覚知も大切である（本書❶章「**4**実習前の自己覚知の必要性」参照）。ものの見方や考え方，行動のパターンは，人との関わりに大きく影響する。実習計画の作成にあたっては，自分自身の長所や強さ，得意なことを活用すること，また，苦手なことや改善を要すると思う点についての対策を考

えることも必要である。とくに、心の整理ができていないことがあり、それが実習にマイナスの影響を及ぼすと予想される場合には、自分ひとりで抱え込まず、教員や信頼できる人に相談することを勧める。これらのプライベートな事柄については、実習計画書のなかに必ずしも記入する必要はないが、予想される事態について、どのように対応するのかを自分のなかで計画しておくことが大切である。それができない場合には、本人のためにも、実習施設のためにも、配属実習の延期や中止、あるいは実習施設の変更が望ましいこともある。

[3] **実習施設**　　配属される施設については施設の法的根拠、目的・機能、利用者、職員など、事前にできる限り調べておく必要がある。具体的にどのようなことを調べるべきかについては、本書❸章の事前学習を参照してほしい。それらに加えて、実習計画を作成する際には、配属される施設で、実習生としてどのようなことを実際に経験できるのか（できないのか）ということについて情報を得ることが望ましい。自分自身の学習ニーズを満たすためには、どのような機会や方法があるのか、ない場合はどのような代替案があるのかをできる限り把握しておきたい。また、実習施設が実習生にどのような期待をもっているのかを確認することも必要であろう。実習施設側で、事前に実習生の目標を設定し、実習プログラムを組んでいるところもある。したがって、これらの情報がないと、実習生と実習施設の双方が納得できる、具体的な計画書を作成することは難しい。事前に施設を訪問したおりなどに、実習計画の原案をもって、自分が希望する実習内容、活動や方法が可能で適切か、あるいは、どのような準備が必要か、施設指導者にたずねるのが一番確実である。ただ、諸事情により、実習開始までに実習指導者と話し合う機会をもてないこともある。教員も何らかの情報をもっている

ことが多いので，その情報を引き出して活用するとよい。また，その施設で近年，実習を経験した人の話を聞いたり，報告書やレポートを読むのも参考になるだろう。

2-2 実習目標の設定

目標とは，望まれる結果についての記述であり，めざす方向性を示すものである（Kettner et al. ［1990］）。目標は，アセスメントの段階で明らかになった学習ニーズから導き出される。社会福祉専門職養成のための実習においては，多くの実習生に共通する学習ニーズがある。そこから引き出される目標として，次のようなものがあげられる。

(1) 生活上の困難を抱えた人々（サービス利用者および潜在的利用者）とその環境について学ぶ。
(2) 社会福祉機関・施設の機能，役割，組織，運営，およびそれらに関連する法律や政策について理解する。
(3) 社会福祉機関・施設で働く人の職能や職務内容について理解する。
(4) 専門的な援助関係をつくる技術を習得する。
(5) 社会福祉専門職による援助のプロセスと方法について理解し，実践するための技術を習得する。
(6) 社会資源についての知識とそれを活用する技術を習得する。
(7) 社会福祉機関・施設と他の機関・施設，地域との関係について理解し，連携のための技術を習得する。
(8) 社会福祉専門職の価値や倫理が実践とどのように結びついているかを理解する。

これらは一般化した記述なので，実際には，配属される実習機関・施設に応じて内容を特定し，もっと具体的な目標にするのがよ

い。たとえば、児童福祉の領域に関心をもっている学生が、児童養護施設に実習にいくことになったとしよう。入所児童によいサービスを提供できるようになることを目的とするならば、学生はどのようなことを学ぶ必要があるだろうか。それが学習ニーズである。学生は事前学習で、家庭の事情のために子どもたちが養護施設に入所し、そこで自立支援を受けているということを知っている。しかし、それだけでは十分ではない。家庭の事情とは実際にどのようなことなのか、自立支援とは具体的にどのようなサービスなのか、あるいは、家庭環境や自立支援サービスの状況はどうなっているのかなど具体的なことについても学ぶ必要がある。そのため、ここでの目標として、「児童養護施設に入所している児童のニーズと家族背景について理解する」「児童養護施設職員の業務について学ぶ」などがあげられるだろう。

限られた実習期間中にあまりに多くの目標を掲げても消化不良になる。まず、可能性のある目標（学ぶ必要性があること、学びたいこと）をすべてリストアップしてから、重要性、目標達成の可能性（機会、時間、資源、自分の知識・技術）などを照らし合わせて、実習指導者や教員に相談しながら優先順位をつけ、上位3～4の目標に絞ったほうがよいだろう。目標が大きく、複雑な場合は、短期目標（たとえば1週間後）、中期目標（実習中日）、長期目標（実習最終日）と段階的に分けるのもよい方法である。大切なことは、目標を達成することに意義を見出せるかということである。意義を見出せない目標は設定する意味がない。

2-3 実習課題の設定

目標を設定したら、それを達成するために、目標ごとに、より細かく、具体的な課題を設定する。課題には、2種類あり、1つは最

終的にめざす結果〈結果課題あるいは達成課題〉，もう1つはその結果課題を達成するための方法となるもの〈プロセス課題〉である（下の例を参照）。つまり，課題は，どのような方法で，どのようになるのをめざすか，を示す。

目標は，到達したいことであり，行動の方向性を示すものであるが，実際にどのような内容かまでは特定しない。それに対して，課題は，達成できたか否か，あるいはどの程度達成できたのかが明瞭にわかるものでなければならない。課題を設定する場合には，次のようなことに留意する必要がある（Kettner et al.［1990］）。

(1) **明快な記述**　曖昧なところがなくて，わかりやすい。誰がみても同じように解釈できる。これが最も重要なことである。明快であるためには，課題を行動で言い表すのがよい。たとえば，「書く」「リストをつくる」「読む」「説明する」といった行動を示す表現は，他者が観察でき，できたかどうかがわかりやすい。一方，「理解する」「知る」「感じる」「わかる」などは外から観察することができず，できたかどうかがわかりにくい。

例

目標：高齢者に対する居宅介護サービスについての知識を得，活用する技術を身につける。

課題：プロセス課題　・資料を調べてノートにまとめる。
　　　　　　　　　　・職員が利用者に説明しているのをきく。

　　　達成課題　　　・在宅生活支援のためによく活用される3種類のサービスについてわかりやすく説明ができる。

これらの課題をまとめると，「資料を調べてノートにまとめたり，職員が利用者に説明しているのをきいて，在宅生活支援のためによく活用される3種類のサービスについて説明できるようになる」。

2　実習計画の作成方法

(2) 時間的枠組み　達成する期日が決められている。また，長期計画のときは，モニタリングの期日も決められている。

(3) めざす変化・行動が明確　何を，どの程度（できれば数値で示す），変えるのかが明らかに示されている。

(4) 測定可能　課題達成の程度が評価できるような記述がなされている。上記(1)で述べたように観察可能な表現で書かれていること，また数値で示されていることで，評価がしやすくなる。

(5) 現実的　現在もっている知識，技術，資源を用いて実現が可能である。

(6) 責任　課題達成のための方法や活動を誰が担うのかが明らかである。

前述の児童養護施設に実習にいく学生の場合について考えてみよう。目標は，「児童養護施設に入所している児童のニーズと家族背景について理解する」である。この目標を達成するために，具体的に何をすればよいのかが課題である。たとえば，次のような課題が設定できる。

(1) 少なくとも3つのケース記録を読み，それらの児童の家族背景と生育歴について説明することができる。
(2) 上記3人の児童の日常生活を観察し，話をするなど関わりをもつなかで，どのようなニーズがあるかを把握して記録に書く。
(3) 上記3人の児童について職員と話し合い，家族背景とニーズがどのように関わっているのかを述べることができる。

これらの課題では，前半に方法，後半にめざす結果が記述されている。少なくとも3つのケース記録を読み，3人の児童と関わり，3人の児童について職員と話し合うというように，数と行動が特定されている。また，説明できる，記録に書く，述べる，と行動レベルで表現されているため，実行したか否かが簡単に評価できる。

ところが，行動レベルで表現すると，やや不自然で違和感のある記述と受けとられることがある。また，このような書き方は，日本の社会福祉領域ではあまり一般的に行われていない。そのため，関係者から批判されたときには，そのような表現を使用する意図を伝え，そのうえで記述のあり方を関係者の間で協議することが望ましい。ただし，たとえ表現を変更したとしても，評価することを意識することが必要である。

　実習計画は，より具体的であることが望まれる。しかし，あまりにも行動を細かく特定し，多くの課題をあげると，それらを実現することが困難となってしまう。そこで，実習計画を作成する場合には，具体的であるとともに，課題の実現が可能であることも念頭におくことが必要である。

2-4　計画の実行とモニタリング

　実習開始により計画は実行段階に移る。計画されたプログラムが動き出すと，今度はモニタリングが必要となる。モニタリングでチェックするのは次の事柄である。

(1) 計画どおりに進展しているか。
(2) 計画に無理や無駄はないか。
(3) 状況が変化して，計画に合わなくなっていないか。
(4) 新たな問題，ニーズ，関心が出てきていないか。
(5) 修正や変更が必要な場合は，どの部分を，どのように修正したらよいか。

　社会福祉実践の現場は，日々，躍動している。いつも予定どおりにいくわけではなく，刻々と変わる状況に合わせて対応していかねばならないことも多い。したがって，事前に関係者とよく話し合って練られた計画であっても，途中で計画を変更しなければならない

場合がある。実習計画書の原案について事前に話し合う時間がほとんどとれなかった場合には、さらに修正や変更が必要になるかもしれない。修正や変更は、時間をより有効に使うため、また、誤った方向に進みかけたものを早期に望ましい方向に軌道修正するためにも必要である。限りある機会を最大限に活用するには、柔軟な姿勢で臨機応変に対処することが重要である。実習途中での変更や修正が多いことから、「どうせ計画どおりにはいかないのだから」と計画作成を軽視する人がいる。しかし、事前にさまざまな可能性を考慮し、合理的な選択をするべく計画を作成し、そのうえで必要に応じて変更するのと、無計画で何の準備もなく偶然に任せるのとでは、学ぼうとする姿勢やモティベーション、学ぶ内容、レベルに差が出てくる。

2-5 日々の目標

先にも述べたように、実習計画書は一般的に簡潔に書くものである。目標と課題が設定されても、どの課題をいつ、どこで行うかについてまでは特定しない。したがって、実習期間中のいつ、どこでそれらの課題に取り組むかをさらに計画しなければならない。それが1日ごとの目標である。

実習期間中どのように過ごすかについては、毎日のプログラムが細かく組まれているところから、大きな枠組みだけがあって何をするのかは実習生の主体性に任されているところまで、実習施設によってさまざまである。忙しさのあまりスケジュールを消化することだけに終始してしまったり、反対に、主体性に任され、何をしようかと考えているうちに時間が過ぎてしまったりと、時間を有効に使うのが難しい場合もある。

その点で1日ごとに目標を立てるのはタイム・マネジメントのた

めにもよい方法である。実習計画で設定された目標と課題について，実習先で組まれたプログラムのどのあたりで取り組むか，おおよそ前もってふりわけておき，さらに毎日始めに，その日の目標を確認する。状況に応じて別の目標を立てることもあるが，目標を明確にしておくと，わき道にそれず，焦点をあてて学ぶことができる。終了時にその日の目標がどの程度達成できたか振り返ることができれば，実習計画のモニタリングが毎日できていることになる。このようにすれば，自分の歩みを着実に読みとれ，実習全体の目標と課題を達成することができる。

2-6　計画の終了と結果評価

　配属実習の終了が計画の終了でもある。その時点で，今度は実習全体の評価を行う。実習におけるさまざまな項目を多面的に評価する必要があるが，評価の1つの方法として実習計画を利用することができる。実習課題の設定のところでも述べたように，課題が適切に設定できていれば，課題がそのまま評価の指標になる。そのほかに計画に関連する次の点についても評価しよう。

(1) 課題達成が目標達成につながっていたか。
(2) 計画および途中で行った修正や変更は適切であったか。
(3) 目標達成以外に得られた効果はあったか。
(4) 予想外のマイナス面はなかったか。
(5) 次に実習にいくとしたら，どのような点を改善するか。
(6) 実習の満足度はどの程度か。

　これらの評価から学んだことは，今後の計画作成に応用できるはずである。

3 社会福祉施設種別（施設・相談機関）による実習計画の特徴

3-1 実習内容と実習計画

　社会福祉の実習はさまざまな機関や施設で行われている（本書❶章参照）。業務の内容やあり方によって実習内容も異なってくるため，実習計画を作成するにあたっては，実習機関・施設の特徴を把握しておく必要がある。とくに，施設実習と相談機関実習では大きな違いがあるため，それぞれの特徴を生かした実習経験ができることをめざして実習計画を作成しよう。もちろん，施設でも相談機関でも実習の目標は共通である。それは，先にも述べたように，サービス利用者，機関・施設の機能や役割，職員の業務内容，援助の方法，社会資源，連携，専門職の価値と倫理について学ぶことである。ただ，これらを学ぶための課題の設定が施設と相談機関では異なるのである。

　しかしながら，実習施設の特徴にこだわりすぎたり，とらわれる必要もない。実習内容がケアワーク中心であるから，面接技術については学べないなどということはない。相談機関だからケアワークについては学べないということもない。与えられた実習環境のなかで柔軟に，自分の学びたいことを得るチャンスをつかめればよいのである。実習計画の作成は，どうすればそのチャンスをつかめるかを考えるよい機会になるだろう。

3-2 施設実習

　施設における業務は，利用者の日常生活を支える取組みである。社会福祉士の業務は，「専門的知識及び技術をもって，身体上若し

特別養護老人ホームの例

実習計画書

1. 実習の目的
  要介護高齢者の施設処遇と在宅支援について学ぶ。

2. 実習の意義
  最近，私の家の近くに介護を必要とする人が増えている。その大変さをきいていると，これは一家庭だけの問題ではなく，社会で取り組むべき問題であると痛感する。今の社会では介護問題に対して，どのようなサービスがあるのか，その実態を学び，将来，社会福祉士として働く際に役立てたい。

3. 実習の目標と課題

目標1. 利用者の問題とニーズを理解する。
  課題1-1. 特養での日常生活を観察して，入所者がどのようなケアを必要としているのかを自分で考え，記録する。
  1-2. 特養での日常生活を観察して，入所者がどのようなケアを必要としているのかを職員と話し合う。

目標2. 施設処遇について学ぶ。
  課題2-1. 施設についてのパンフレットをみたり，職員の説明をきいて，施設の概況についてノートにまとめる。
  2-2. 職員の指導のもとで介護技術を学び，実践する。
  2-3. 職員の業務を観察し，説明をきいて，その業務内容について，自分で説明できるようにする。

目標3. 在宅サービスについて学ぶ。
  課題3-1. 在宅高齢者への家庭訪問に同行し，在宅高齢者の状況とニーズについてまとめ，記録する。
  3-2. 介護保険とケアマネジメントについて資料を読み，職員の話をきいて，簡潔に説明できるようにする。
  3-3. 実習施設が活用している資料をみて，在宅サービスをリストアップし，簡単に説明できるようにする。

3-4. デイサービスに参加している高齢者がどのような活動をしているのかを観察したり，話をきいたりすることで，デイサービスの意義や効果を考え，要約して記録する。

くは精神上の障害があること又は環境上の理由により日常生活を営むのに支障がある者の福祉に関する相談に応じ，助言，指導その他の援助を行う」(社会福祉士及び介護福祉士法2条) ことである。施設職員も相談援助の専門的知識と技術をもつことが求められており，実際，日常的にサービス利用者のさまざまな相談に応じている。しかし，その業務の多くはケアワークを中心に展開されている。

そのため，実習においても利用者と直接関わることを通じて職員の仕事を学ぶことになる。施設では，1つのセクションでまとまった時間（日数）を過ごすことができるので，利用者や職員とも顔なじみになり，親しく話せる関係をもつ機会に恵まれる。そこから，利用者の特性や日常の生活，利用者との関わり方，職員の仕事，施設の役割と現状などについて，深く学ぶことができるだろう。相談室における独立した相談業務は少ないが，利用者との日常的な関わりのなかや，利用者と職員との関わりを観察することを通して，生活場面での面接について学ぶ機会は多くある。コミュニケーション技術（言語的・非言語的）は，学ぼうとする意図があれば，どんな場面からでも学べる。施設実習のよさは，職員から指導を受けながら，生活上のさまざまな支援を行う体験ができ，また援助者として具体的にどうすればよいのかを学習できることである。

3-3 相談機関実習

相談機関は，相談内容や職務内容によって異なる，多くのセクションから構成されている。したがって，実習は，セクションごとに

―児童相談所の例――――――――――――――――――――――

　実習計画書
1. 実習の目的
　子どもをとりまく社会問題を理解し，子どもと家族を支援する方法を学ぶ。
2. 実習の意義
　今日，少子化への対応が叫ばれるなかで，少年の凶悪犯罪や親による児童虐待事件があいついで報道されている。私は，これらの問題がどのようにして起こっているのか，また，現実に発生した問題に対して，どのように対処してゆけばよいのかに関心をもっている。将来，児童福祉の領域で働くことを希望しているので，これらのことについて学ぶとともに，自分の適性についても現場での体験を通して考えていきたい。
3. 実習の目標と課題
目標1. 児童相談所の機能と業務を理解する。
　課題1-1. 講義をきき，資料をみて，児童相談所の機能と概要について説明できるようにする。
　　　1-2. 講義をきいて，各職員の業務内容をノートにまとめる。
目標2. 児童相談所にくる子どもたちについて理解する。
　課題2-1. 一時保護所で子どもたちと接して，その様子を職員に報告する。
　　　2-2. 記録や職員の方の説明を通して，どのような経緯で一時保護所に入所したかを理解し，記録に書く。
　　　2-3. 児童相談所の統計資料をみて，その動向と考察をノートに書く。
　　　2-4. グループワークに参加して，その様子を記録にとる。また，感じたことを職員に話す。
目標3. 児童相談所における相談援助について学ぶ。
　課題3-1. 講義を聞いて，相談内容別に援助方法をノートに整理する。
　　　3-2. 差し支えのない範囲で面接に同席したり，家庭訪問や他機

関訪問に同行し，援助の実際について学んだことを職員に
　　　話す。
　3-3. 記録を読み，不明な点は職員に質問することを通して援助
　　　のプロセスを説明できるようにする。
　3-4. 受理会議，判定会議，処遇会議などに同席し，援助がどの
　　　ように進められているか，どのように連携がとられている
　　　か，について理解できたことを職員に話す。

独立して行われ，短期間ずつさまざまなところを回るかたちで進められる。相談援助が業務の中心ではあるが，来談者の個別面接については，プライバシーへの配慮のため，また，来談者の同席者への抵抗感を懸念するため，実習生の同席は認められないことが多い。そのため，実習は，各課担当者の講義を中心にして，記録の閲覧（これも認められないことがある），カンファレンスへの出席，家庭訪問への同行，他の機関・施設の見学，他職種（ヘルパーなど）実習などを含めた多彩な内容になる。実習生は，各課担当者の講義により幅広い専門知識が得られるのに加えて，さまざまな人，機関・施設，社会資源，政策にふれることができる。

　一方，1カ所にとどまる時間が少ないので，特定の人と深く関わることは少ないだろう。相談機関内での利用者との接触も制限されているので，援助職としての体験学習を行うには，積極的に面接の模擬体験（ロールプレイ）を行ったり，事例を用いて援助計画の立て方を学ぶといった活動を実習内容のなかに取り入れることが必要であろう。これらの活動は学校でもできるが，日頃から実践に携わっている専門家の指導を直接受けることの意義は大きい。

● 演習問題 ●
1 実際に実習計画を作成してみよう。
2 作成した実習計画をグループの他のメンバーに説明し、フィードバックを受けよう。
3 作成した実習計画を担当教員に見てもらい、修正の必要があれば修正しよう。

■ 引用文献

Barker, L. B. ed. [1999] *The Social Work Dictionary*, 4th ed. NASW.

Hamilton, N. and J. Else [1983] *Designing Field Education : Philosophy, Structure, and Process*, Charles C. Thomas.

Kettner, P. M., R. M. Moroney and L. L. Martin [1990] *Designing and Managing Programs : An Effectiveness-based Approach*, Sage.

Royse, D., S. S. Dhooper and E. L. Rompf [1992] *Field Instruction : A Guide for Social Work Students*, Longman.

5章 配属実習

本章で学ぶこと

　本章では実際に実践現場に配置される「配属実習」をどのように活用するかについて学習します。配属実習において実習生は実践現場を理解し，利用者と出会い援助関係を形成し，実習先スーパーバイザーと指導関係を形成し，また学科目としての実習に期待される一定の課題を果たすことなど，さまざまな課題が与えられています。それと同時にそれらのもたらすプレッシャーにもさらされることになります（Chiaferi and Griffin [1997]）。基本的にはそのようなプレッシャーに上手に対処して学びを進めることが望ましいのですが，対処できなかったことも活用して学びを深めることができることが実習の醍醐味であるともいえるでしょう。

　本章では配属実習という状況（課題とプレッシャー）をまず大きく整理し，そのなかで生じてくるさまざまな問題とその生かし方を考えます。またそのような状況において助けとなる実習巡回の意味を理解し，活用を学習します。最後に実習中のすべての体験を活用し，事後学習につなげるためのツールである実習ノートの書き方についてふれていきます。

1 配属実習にいくということ

　さまざまな準備を終えたうえで，実際に一定期間実習先にでかけることになるのだが，このことを「**配属実習**」とよぶ。配属実習は今までの学びとは違い，実習先の実践現場の状況のなかでの学習になるため，たんに学校から与えられた課題を果たす，ということではない複雑な学びの形態・内容をもっている。社会経験の乏しい学生にとっては，1つの大きな「社会経験に耐える」という時期でさえある。ここではまず，実習生が経験する配属実習という状況を理解しよう。

1-1　配属実習という状況について

　配属実習にでて現場で「実習生」とよばれる立場になったとき，学生に期待されるものはまず「社会人として」「組織人として」の行動である，といっても過言ではない。「挨拶ができる」「適切な言葉づかいができる」という初歩的な社会的スキルから，「利用者や職員と良好な人間関係をつくること」までのさまざまなレベルでそれが求められてくる。次に求められるものは「実習生として」の学習態度である。実習先の指導を真剣によく受け止めること，ある程度業務を理解し遂行すること，利用者を深く理解しようとすること等の態度である。この2つを総称して「実習生としての役割取得」とここではかりによんでみよう。

　それに対して学生に期待されるもう1つの課題は「実習テーマの追求」や「与えられた教育的課題の達成」という「学生としての課題達成」という課題である。

　これら2つはまるで異なっているというわけではなく，じつは重

図5-1　実習生にとっての配属実習という状況（実習初期）

教育機関 ──────→	実習生 ←──────	実習先施設・機関
学生としての達成課題（達成課題への期待とプレッシャー）	プレッシャーへの対処 ・期待を妥当なものにする ・不安になる自分を受容 ・できることを見つけ，できたことを評価する	実習生としての役割取得（役割取得への期待とプレッシャー）

なり合う部分もあるのだが，実習生には多くの場合異なる性質のプレッシャーとして経験される。後者の達成は非常に大きく前者に依存しており，「実習生としての役割取得」が順調でない場合には「学生としての課題達成」は大きな影響を受けてほとんど進まないということが生じる。前者に費やされるエネルギーが莫大なものだからである。

　アメリカの手引き書では実習生はプレッシャーに対して自分に過剰な期待をかけずに緩めて妥当なものにすること，自分との内的な対話（internal dialogue）を通して自己覚知を増し，不安になる自分，過敏になる自分を受け入れるように勧められている（Chiaferi and Griffin［1997］pp.3-4. 実習生が遭遇するプレッシャー，ジレンマの見取り図をあらかじめ与えておく必要性をチアフェリィは指摘したうえで，その「生き伸びかた」を同時に取り扱っている。本章も同様な視点に基づく）。この状況のなかでは誰しも極度の緊張を経験するので，「力み過ぎないこと」「できることを見出し，できたことを評価する」姿勢を心がけよう。

1-2　「実習生としての役割取得」について

　「実習生の役割って何でしょう？」とは学生から非常によく聞かれる質問である。この質問にはいくつかの意味がある。多くは利用者との関係の問題で，「自分はどこまで利用者と関わってよいか」

「責任を遂行してよいか」という問いかけである。おもに，実習先機関・施設の職員との関係の問題で「何を期待されているか」「どう行動すればよいか」ということである。

[1] 職員との関係――社会人・組織人として

便宜上後者から始めたいのだが，後者は前述のとおり「社会人・組織人として」「実習生として」という2つの側面をもっている。「社会人・組織人として」の役割とは学生という日常の立場から離れて，ある一定のルールをもった組織の一員として生活することである。学生という役割を脱して社会人としてのスキルや態度，規範等を獲得することが求められている。

ここで問題になるのは，学生には許されても社会人としては許容されない行動が多く存在していることである。たとえば「時間」「服装・言葉づかい」といった「学生文化」と「社会人としての規範」の間に大きなずれのあるものが存在する。「学生文化」においては時間のルーズさは問題にならないことであるが，「社会人としての規範（きまり）」ではそれは致命傷になる。どれだけそのほかのことができても，評価はけっして上がらない。「学生文化」のなかで受け入れられる服装や言葉づかいは「社会人としての規範（きまり）」に照らして不適合であることも多い。たとえばよくある例だが学生のなかにはいわゆる「ため口（同等の人間に対して話すときの気安い話し方）」以外の話しかたができない者が一定数存在している。これはよい印象で受け入れられることは，まずないであろう。

また，一般社会でというより，特定の実習先分野等に固有の規範（きまり）も存在する。たとえば児童施設では職員は児童のモデルにならなければならないという不文律があり，その点では学生の「携帯電話・ポケベル」などについてほかの実習分野以上に厳しい扱いをする。また老人分野では高齢者に受け入れられる服装でなくては

ならない，という考えから服装を改めるように指導された例もある。

[2] 職員との関係——実習生として　「実習生として」の役割取得には2つの意味がある。1つは当該施設機関において，業務上実習生に期待されている役割を察知し，必要な知識とスキルを獲得しつつ遂行すること，もう1つは指導職員から指導を受ける立場になること，つまりスーパービジョン関係における「スーパーバイジー」になっていくという側面である。

「実習生として求められる役割」には実習先によってかなり幅がある，といってよいだろう。研修生として「おまかせのコース」に乗り，よい見学者としての役割を果たせばよい，というだけの実習先もあれば，新任職員なみの力量を発揮することを求められる実習先もあるといった具合である。

問題の1つは，オリエンテーションはなされるものの，多くの場合詳細については実習生は職員に質問したり，みずから察知してそれを果たす必要があるということである。たとえば特別養護老人ホーム等ではケアワークの業務に入ることが多いが，介護技術をカリキュラム上いっさい習得していない実習生にとって，膨大な情報量を得て一定の役割を果たさなくてはならないことになる。十分に情報を得ることが実習生の性格や実習先の状況（指導職員の繁忙さ等）によっては難しいこともあり，実習生にとっては大きなストレスになりやすい。スムーズにいかない場合には職員からは「動きが悪い」「仕事の覚えが悪い」等の指摘がなされることになり，それがプレッシャーになる。

「スーパーバイジー」になること，スーパービジョンを受けることはサポートを受ける一方，ストレスの源となることは，欧米の研究等でも知られている。スーパーバイザーからさまざまな方法を指示されること自体もストレスとなるし，またはスーパービジョンの

方針と合わない(たとえばスーパービジョンのやり方が支持的でない,スーパーバイザーと価値観が不適合等)場合がそれである。このような厳密な意味でのスーパービジョンのストレスはまだ日本では多くないが,実習指導職員と信頼関係をつくること,一定の学習の到達度に達すること,一定の学習態度を保つことは期待され,プレッシャーとなっている。

　実習指導職員との信頼関係の形成は非常に大切な実習の要素であり,もしそれがうまく形成できなければ,実習生にとってはつらい体験となり,実習に多大な影響を与え実習中止をせざるをえない事態も招くことがある(具体的には「2　配属実習中に感じやすい『悩み』とその解決のヒント」の節で扱っている)。また実習指導職員は個別に一定の期待感(この程度は理解してほしい,実践できてほしい等)をもって指導にあたっているので,「よく質問する」「記録を丁寧にする」「利用者と向き合うことができる」等の一般的な意味で実習生の望ましい態度が求められることが,ときにはプレッシャーと感じられることもある。

[3] 利用者との関係——どこまで,どう関わるか

　利用者にとって実習生は職員でもない,利用者でもない立場の人間であり,一定期間その場で過ごし,やがて通り過ぎていく人である。そのゆえに果たすことができる役割,果たせない役割があるといえる。

　入所施設等の利用者にとって実習生は普段職員に求められないニーズを一時満たしてくれる存在である。したがって普段話せないような心情が吐露されたり,依存が向けられたりすることが多い。また,このようなニーズをある程度満たしていくことが職員からも期待されている。たとえば孤立しがちなお年寄りの話し相手になることや,児童施設で兄弟的な役割を果たすこと等である。役割を果たすなかで普段は職員に情報として得られないことにふれることもあ

る。たとえば実習生が母子生活支援施設で保育補助に入っていて，児童集団のなかの深刻な幼児虐待に気づいたことがある。実習ノートに書いたことから，職員がその後は虐待の専門家を巻き込んでケアに生かしていった。

そのような普段職員には求められないニーズが向けられるために，実習生は「現状を何とかしたい」という思いを強くもつ。身体的な面でも心理的情緒的な面でも，より援助や支持を強化しなくてはならない，という思いに突き動かされる。

しかし，実習生という立場は「責任をとれない」立場であり，思いつきで援助を一時強化したとしても，継続が不可能な立場であることを理解する必要がある。ある実習先で尿意を感じることができるのにさまざまな事情から，オムツを利用しているお年寄りがいた。実習生はこの人は誘導すればトイレで排泄が可能であると「自己判断」し，「自分がいる間はこの人にとって一番よいことをする」といってトイレで排泄させるようにした。成功したのだが，実習が終了したのち，この人はまたオムツに戻された（職員は黙認していた）。この場合も実践自体の方向性はよいのかもしれないが，継続できない，責任をとりきれないということを考えれば無理な実践であり，結果的に利用者には多大な迷惑をかけてしまったのである。

このような「ニーズを向けられ」て，しかも「責任をとれない」ジレンマがやがて「実習生の立場とは何か」という問いかけを生じさせる。

相談機関等では実習生の利用者に対する立場は異なっている。利用者は職員の専門的サービスを受けるために来談しているのであり，そういう意味では実習生は「招かれざる客」である。面接等の同伴も同意の得られる「安定した」ケースでなくては難しく，また家庭訪問等で実習生であることを明かしてはいけない場合もある。いず

れにせよ相談機関では利用者そのものとの関わりを著しく制限される傾向にある。そのようななかでやはり「実習生とは何か」という問いかけを生じることがある。

いずれの場合にせよ，その問いかけにみずから答えながら，期待された実習生の役割のなかで，しかもそれに甘んじることなく，押し広げながら実習生としての「援助」を展開することが求められているといってよいだろう。

1-3 「学生としての課題達成」について

実習は学生にとって「現場での実践経験」であるとともに，教育機関のカリキュラムの一環であり，成績評価の対象である。このことは違った意味でのプレッシャーを形成している。教育機関によって「達成課題」というかたちで「このようなことができることが目安」というものが提示されていて，実習を進めていくうえでの羅針盤的な役割を担っている。また自分で作成した実習計画や実習テーマがある。それ以外に「実習ノート」を代表とする提出物やケース研究などの課題がある。それらの諸課題をこなしつつ前述のような実習生役割を上手に果たすことが求められているのが実習生のおかれた現状である。

大きなトラブルもなく実習を進められている場合にでも，実習の計画と違ってしまうことはよく起きてくる。それはたとえば，受入れ先のちょっとした都合であったり，利用者の状況からであったりする。もともと，実習計画やテーマ自体が配属される現場の状況を熟知してたてられたものではないことが多いためでもある。比較的大きなトラブルが生じた場合には実習計画やテーマをまったく変更せざるをえなくなる。そのような場合，課題を果たせないことが成績評価につながるため，実習生は焦りや不安を感じやすい。

1-4 「実習計画」を修正すること

全体の実習計画書やテーマをあらかじめ作成し，また実習日誌等に毎日，「今日の課題」のような小さな目標を定めて達成していくような形体が多くの教育機関でとられていると思う。

しかし，前述したように，配属実習では実習生は良くも悪くも多くのプレッシャーにさらされる。そのなかで実習計画を修正せざるをえない状況が生じることがある。またそれ以外にも興味関心が実習にいって変わってきてしまったというポジティブな面の変化もある。ここでは実習計画やテーマの修正について述べておきたい。

[1] 修正をおそれないこと　　配属実習においては，基本的には実習生によってどのように周到につくられた「実習計画」やテーマであっても，「修正される」という前提で考え，自分への期待を緩めるほうがよい。修正には微修正ですむ場合と大幅な修正を余儀なくされる場合とがあるが，その場合のどちらもおそれる必要はない。その理由は実習というものの学びの性質自体にある。

実習計画の大幅な修正は，1つには実習生が前述したプレッシャーのどれかに抗しきれなかった，一種の「破綻」からくることが多いようである。たとえば実習指導者との「信頼関係形成の困難」や，「実習生としての役割取得の失敗感」等である。しかし，実習は実習生の主体（ソーシャルワーカーとしての自己）を育てていく機会であり，成功からでも失敗と思われるようなことからでも，等しく学ぶことができる性質をもつ。「破綻」を破綻のままにしないで，何が破綻であったかをとらえかえし，意味づけることができれば深化した学びの機会になるのである。

また大幅な修正の1つは，現場で起きてきたものごとが，あらかじめ用意していた実習計画やテーマよりも興味関心を引くものだった場合である。現在実習先の機関・施設等が直面している問題や抱

えているケースが興味を引かれるものであったり，偶然にも出会った利用者に引きつけられ，関わり続けることを希望するようになる場合等がそこに含まれる。そのような場合には思いきって修正していくこともあってよい。実習とは実際に実践現場で起きてくることを最大限に生かし，「帰納的」に学びを進めることだからである。

[2] 実習計画修正の実際　　基本的な実習計画修正の考え方については前項で示したが，以下により具体的な方法についてアドバイスをしてみたい。

（1）「実習生としての役割取得」や「実習指導者との信頼関係」の部分で葛藤を抱えた場合には，実習計画やその他の学校から与えられた課題を果たすことに無理をせず，できることをゆっくりと探すようにする。その場合巡回担当の教員を活用する。

実習生としての役割取得がうまくいかない場合，あるいは実習指導者との信頼関係がうまくつくれないような場合，実習ノートを記録することができなかったり，実習計画を進めることもきわめて困難になることがある。そのような場合には無理をせず，「できることをできるだけ」実践するシフトをとってみよう。

（2）上のような場合，そのこと自体を修正テーマにすることもできる。

ずいぶん前の学生であるが，「実習生としての役割取得」のところでトラブルを抱えた人がいた。彼の「実習」のイメージと実習先で割り振られた実習生としての役割とがまったく一致しなかったからである。実習指導職員とも話合いをもったが，彼としては納得のいく答えが得られなかった。彼の実習のテーマは3週間目から「実習とは何か」になった。毎日の目標にもそれが書かれて，考え続けられた。実習終了後もレポートはそれを書くことになった。痛々しい学びではあるが，そのようなことも考える価値はある。「指導職

員との信頼関係形成」の部分でのトラブルであれば、実習ノートに記録するわけにはいかないが、サブノートに記録する等して、自分の対人関係を振り返って考える材料として生かすこともできる。

(3) 利用者との関わりにおけるトラブルの場合、どのようなものでも実習の修正テーマになりうるので、考えてみる価値がある。

利用者との関わりのなかの失敗で、実習計画がうまく進まない、先へ進めないと感じることが実習生にはよくある。そのような経験は実習生にとってはストレスとして感じられると思うが、じつはほとんどが援助技術の学びの機会として活用することができるよい機会なのである。

たとえば「虐待を受けた児童をどう児童養護施設でケアしているか」というテーマをもって実習にでかけた学生が、寮の子どもとうまく信頼関係ができない（無視されたり、言葉の暴力を受けて、どうすることもできない）ことがあったとする。その場合「児童虐待」を考えるところまでいくことはとうていできない。そのような場合には「子どもたちとの信頼関係形成」を修正テーマにして計画をたて直す。子どもたちに働きかけながら、子どもたちの言動の背後にあるものを理解しようとすることは、実習として十分価値のあることである。

2　配属実習中に感じやすい「悩み」とその解決のヒント

前節でも述べたように実習とは必ずしも計画どおりに進められるものではないし、進められないことからも学ぶことができるものである。進められないことこそ、学びのポイントとなる、といっても過言ではない。以下、この節では実習生が感じやすい悩みとその解

決のヒントを考えていきたいと思う。

2-1 実習指導者とうまくコミュニケーションがとれない

―ビネット 12

　実習生 A さんは実習指導者の B さんとどうしてもうまく，コミュニケーションがとれないと感じている。B さんはいつも忙しそうで余裕がなく，質問をするのは悪いように感じられる。実際，質問をしたとき，「今は忙しいから」といわれてそのままになってしまった。利用者との関わりでも結構きついことをいう B さんなので，それもコミュニケーションを難しくしていると感じている。

　前述のスーパービジョン関係の入口のところで経験される悩みである。実習は実習指導者（スーパーバイザー）とスーパービジョン関係を形成し，そこから学んでいくことが基本なので，関係がうまく形成されないことは学習の効果を下げてしまうことになりかねない。
　現場の実習指導者（スーパーバイザー）は実習専門の指導者でもない限り（ごくまれに実習先に実習専門の指導員がおかれていることがある）かなりの忙しさを抱えている。現実問題として実習生に対して手とり足とり，というわけにはいかない。たしかに余裕がないことも考えられるが，タイミングをはかって何度でも必要なことを質問することが必要である。質問するのが悪いと感じられるかもしれないが，多くの場合，実習生の指導について業務の分担に組み込まれているので，最低限の情報提供の義務は課せられていると理解してもよいと思う。遠慮なく質問をして欲しい。
　質問が口頭でしにくい場合には，実習ノートを活用する方法もあるだろう。また，実習巡回の教員を活用して調整してもらい，一定の質問時間をつくるように依頼してもらったり，反省会をもっても

らったりすることもできる。ともかく何らかの方法で要望を伝えてみよう。

　関わりづらい実習指導者に当たり，強い緊張とストレスを経験することが実習生にはよくある。厳しい評価的な指導がされる場合やあまり指導をしてくれないと感じられる場合等である。直接実習生に対してではなくとも利用者に対してきびしい職員とも関わりにくさを感じることがある。もちろん実習生の側にも問題がある場合もある。そのようなとき，実習計画は計画どおりに進められず，エネルギーを状況をやり過ごすことに傾けがちになる。

　そのような場合には実習の巡回指導の教員に，事前に状況を伝えておき，指示を仰ぐようにしよう。状況によって関係を改善する努力をすることがそれ以降の実習の中心課題に据えられたり，無理をせずに実習期間を過ごし，後でどこがうまくいかなかったかを個別のスーパービジョンを活用して考えることを指示されたりするだろう。いずれにせよ，実習の学びのうち，手痛い学びではあるが自分の人間関係の形成パターン等を知るよい学習の機会として活用される。

2-2　実習の内容がやりたいことと違う

―ビネット 13 ―

　特別養護老人ホームの実習生のCさんは実習内容に満足をもてないでいる。相談指導員としての実習を望んでいたのにケアワークの実習が中心で，介護技術を習得することにいっぱいで他のことに目を向ける余裕がない。1週間経過したところで，社会福祉援助技術（ソーシャルワーク）の実習がしたいのにこのままでいいのか，と思い悩んでいる。

実習前の契約がうまくできていない場合に生じる悩みである。とくに教育機関側が実習の要望を伝えていない場合や，実習生自身が自己開拓した実習先の状況理解が弱い場合に生じやすい。
　しかし，契約がしっかりしていたとしても現状では特別養護老人ホームで「相談指導員」単独の実習は困難であり，「相談援助」の実習を取り入れるとしても半分くらい（「相談指導員実習」1週間と「地域包括支援センター実習」1週間程度）がせいぜいである。制度的変化の激しい時期でもあり，それでも「ソーシャルワーク実習」のイメージにかなうかどうか，わからない。
　このような場合いくつかの提案がある。
　(1) 上記のような現状を理解したうえで可能な限り相談指導員や在宅介護支援センター等の実習を組み込んでくれるように依頼すること。実習途中からでも半日単位でそのような実習を組み込んでくれるように依頼することはできる。現場の状況により可能な程度は異なるがそのように依頼するのは失礼なことではない。
　(2) 思いきって対利用者の援助に焦点を当てて実習する。特定の利用者を選んでケース・ファイルを閲覧し，援助課題を考えてみる。その際身体ケアよりも心理社会的な側面に焦点をあてるようにする。実習巡回の教員等に調整を依頼し，半日単位で，シフトに入らないフリー勤務の日を数日つくってもらい，利用者の話を聞く実習をするのもよい。
　（1）の場合，施設の機能や相談指導員の役割の理解が課題の中心となる。(2)の場合対人援助やアセスメントを課題とした実習となる。
　いずれにせよ，介護技術を習得していない段階であってもケアワークの実習は行わざるをえない。現状のカリュラムの課題として残された部分であるといえるだろう。

実習先が特別養護老人ホーム以外の場合も同じような悩みをもつことがある。たとえば重度の知的障害者施設でもケアワークは避けられない。しかし，そこでは生活指導員は相談ではなく，ケアワークを通して利用者を援助していることを理解しておこう。

2-3　実習先で見聞きしたことに違和感を感じるが，どうすればよいか

> ビネット 14
>
> 　知的障害者更生施設の実習で，職員が利用者を呼び捨てにしたり子ども扱いしているのをみてどうしても納得できないDさんは，現場批判になるので，どう実習指導者に伝えていいかわからないで途方に暮れている。

　実習先として選ばれた機関・施設が必ずしも模範的・理想的な実践をしているとは限らない。さまざまな事情のなかで矛盾を感じつつも利用者を援助し続けている場所という理解のほうが正しいだろう。そうであるから，疑問をもつような実践を見聞きしたりすることはどのような実習先でもありうることである。筆者が実習生である頃にはそのような実践の批判を全面的に禁じるか，あるいはそのような批判を実習の目的に据えるような極端な教育機関の側の実習指導があった。しかし，昨今では両者とも少なくなってきた。ソーシャルワーカーは現状をよしとしてしまうのではなく，また批判するだけでなく，十分に理解し受け止めたうえで変革していくことが求められる職種であるので，そのような態度をこの実習でも養っておこう。

　疑問を感じた場合，以下の手順で考えてみよう。
　(1) 違和感をなるべく言葉にしてみる。違和感＝おかしいという

「感じ」をなるべく,何がおかしいのか,論理的に言葉にしてみる。これは作業としてはサブノート(**4**節参照)に書いてみるのがよい。

(2) 疑問と感じる実践にも必ず,実習先なりの意味づけが存在しているはずである。それを周囲の職員からそれとなく聞いてみたり,観察してみたりしてデータを得て理解しよう。

(3) そのうえで自分の考えたことと比べてさらに考えてみる。可能ならば,そうして考えた結果を実習指導職員に相談の時間をとってもらって伝えてみることがよいだろう。

このケースでは実習指導職員に対して,具体的な職員名を出さないで「利用者○さんを△ちゃんと呼んでいるのを耳にしましたが理由を教えてください」のような書き方で実習ノートに書いてみても大丈夫であると思われる。一般的な支援上の疑問であれば,書き方さえ工夫しておけばノートに書いても差し支えないことが多い。現場の実習指導職員は主任指導員等の立場の人が多いので,自身も問題を感じながら実践を行っているケースが多いと思われるからである。この場合もおそらくは「人権問題」として幾度となく,話し合われている問題である思われ,実習先なりの結論が出ていると思われる。それなりの経過や結論をコメントしてくれるであろう。

一般的なケアへの疑問ではなく,実習指導の体制の問題であったり,特殊な問題である場合には実習巡回の教員に相談し間接的に伝えてもらうことを考えてみよう。

2-4　実習先指導職員からケース記録の閲覧はできないと言われた

―ビネット15―

児童養護施設で対象児を絞って深い関わりのできる実習をしようと思って実習に入ったEさんだが,実習初日に「うちはケース記録の閲覧

はできません」といわれて途方に暮れてしまった。

　実習先のプライバシー保護の方針は年々厳しくなっている。児童相談所等でもいっさいケース記録にはふれさせないという例もある。またそこまででなくとも，職員立会いのもとでというところは多い。
　事例のような児童養護施設では，児童の入所理由や養育環境等を知ることは対象児理解のためには欠かせない要素であり，単純に児童と向かい合うだけでソーシャルワーク実習として成り立つかどうか，疑問が残ってしまう。ましてや実習計画上，個々の児童との関わりに焦点があてられていれば，実習計画の大幅な変更は不可避である（このようなことを避けるためには，実習前にケース記録の閲覧の可否について確認をしておくことが必要不可欠であるといえる）。
　実習の計画変更をするのであれば，思いきった変更をしてみることもよい。ケース記録の閲覧なしですむような「信頼関係形成」に焦点をあててトライ・アンド・エラーを大胆にしてみるとか，あるいは職員のケアのあり方から新たにテーマをみつけてみる，あるいはケース記録の閲覧なしで所期のテーマを追求し続けてみる。職員からできる限りの情報を聞き取ったり，子ども自身との会話から得た家庭の情報の断片（たとえば「お父さんはお母さんをぶったりしていた。だから嫌いだ」等の言葉）を実習ノートに書いて実習指導職員から情報をもらうようにしよう。差し障りのない範囲で情報を提供してくれるであろう。ともかく，途方に暮れないでなるべく臨機応変に対応することである。おかれている状況のなかで最善を尽くして実習の軌道修正を心がけよう。

2-5 利用者と信頼関係がつくれない

ビネット 16

Fさんは児童養護施設での実習開始後，1週間が経過したがうまく子どもたちと信頼関係ができなくて悩んでいる。子どもたちは「実習生馴れ」しており，Fさんは好かれるタイプではなかったようで「帰れ」といわれたり，理由のない敵意の対象になってしまう状況にある。この状態が長く続くと，苦しくて実習にいけなくなってしまうのではないかと感じている。

実習生は利用者にとって短期間そこにいてやがて去ってゆく存在であり，そこが職員とは決定的に違う点である。それだからこそ，職員とは違った甘えや依存のニーズを向けられやすい。また日頃のフラストレーションの矛先が向けられることもある。

この事例の場合もどのようなフラストレーションかわからないが，ターゲットになっているようだ。実習生のFさんはたまたまちょっとしたことでターゲットになっただけで，基本的にはFさんのせいではないし，Fさんの力量の問題でもないと考えてよい。しかし，誤解を生むきっかけになったやりとりはあるだろうから，洗い出して考えてみることも役に立つだろう。

余裕がまだ残されているのであれば，このような場合，何が子どもたちの背後にあるフラストレーションなのかを考えながら，敵意に惑わされることなく実習期間中多くの働きかけを続行してみるとよい。敵意を解消して信頼関係をつくり出す可能性も十分ある。もし解消できなくても，フラストレーションの正体に迫ること，働きかけを続けられたこと自体にも十分な価値がある。

もし本当に余裕がなく，苦しいと感じられるのであれば，実習配属された寮等のユニットを変えてもらうという方法もある。この際

には自分から実習指導職員に伝えるか，実習巡回担当教員ときちんと連絡をとり，実習巡回時に調整をしてもらうとよいだろう。

「信頼関係がつくれない」という悩みをもつ実習生のなかには，少数ではあるが「対人援助」の仕事に向かない実習生が含まれているかもしれない。いわゆる「壁の花」になってしまってまるで利用者に働きかけられない場合である。その場合でも実習の場面に何か具体的な役割をつくってもらい，それをきっかけにして働きかけるようにすると関わりやすい。たとえばお年寄りと話がしにくい場合には，「卒論のための生きがい調査」などといって話を聞いてみる。具体的な軽い介助の役割を果たさせてもらうことでも関係をつくりやすい。

2-6 利用者に物をもらう

> ビネット 17
>
> 女子学生Gさんは養護老人ホームの利用者Hさん（女性）から物をもらうので困っている。初めはお菓子程度だったのだが，エスカレートしてきて，だんだん高価なものになってきている。大学からは物はもらうなといわれている。初めのお菓子のときには実習先では「構わない」といわれたのだが，だんだん高価なものなるので負担に感じている。

通常，教育機関等の事前学習では「物は受け取るな」という指導がなされる。しかし，現場で確認すると「お菓子程度なら構わない」という指示を受けることも多い。具体的には現場の指示を仰ぎ，それに従って欲しいが，事例のような予期せぬ事態を招いてしまうこともある。

現場の指示が「お菓子程度なら」ということであっても，それにただ従うだけでなく，もらうことのリスクをしっかりと考えておく

ことが必要である。お菓子でももらうということはそれだけ，実習生であるあなたにさまざまな精神的ニーズが向けられることも意味しているからである。事例では「もっと親密な関係を」という利用者のニーズが吹き出しているように感じられる。しかしこの「親密な関係」とは実習の目的とする「専門的な援助関係」ではなく，私的な関係（たとえば孫と祖母のような）であると考えたほうがよいだろう。

この場合，物をもらわなくてはもう収拾がつかないというのであれば，その場ではもらっておいて実習後に職員に返してもらうという方法もある。とにかくこのような場合には利用者のニーズをそのおかれた状況も含めて考えてみる機会として活用することをお勧めする。

また，物をもらうこととからもらわないことについては，一度事前学習でじっくり考えてみる必要がある。具体的には物を受け取らないことが利用者にとって何を意味するのか，物を受け取ることがどのような支援上の混乱を招く危険性を孕んでいるのか等である。

2-7 利用者にショックなことをいわれた

ビネット 18

特別養護老人ホームの実習を始めたばかりのIさんは利用者のJさん（男性）の入浴の着脱の介助をしている際に突然「死にたい。殺してくれ」と突然いわれて戸惑いを感じている。以来Jさんの介助をするのが苦痛になってしまった。

利用者にとって実習生はさまざまな精神的ニーズを向ける対象となりやすいことは繰り返し述べてきた。普段職員にはいえないような胸の内をポロッとこぼす相手になるというのもその1つである。

知的障害者更生施設で「施設を出たい」等といわれること，老人関係の施設で「死にたい」「生きていてもつまらない」等といわれることはその一例である。

実習生としては驚くことも多いし，多くは何をどのように返答していいか窮する場面に立たせられるが，そのような場面は実習のうちでも利用者理解を深めるためのよい学習の機会なのである。逃げ出したりせずにその場面ではなるべく利用者の思いを聞き取ることを心がけよう（習った援助技術を活用して思いを吐き出してもらうことがよい場合もある）。そしてその後，情報収集（記録・職員の情報）から利用者の言葉の意味を深く考えてみよう。

利用者の言葉についてはこのような場合，必ず実習ノートに記録して伝えることが必要である。職員にはみせない一面であることも多くあり，処遇の向上に役だつこともある。

また，「あなただけにいうのよ。職員にはいわないで」というメッセージを伴って重大なことを話されそうになったときには，「秘密にはできない」ことをきちんと伝えるようにする。

上の事例の場合，利用者Jさんは重度痴呆症のお年寄りであり，普段はほとんど会話はないのだが，どうやら入浴時には意識がやや鮮明になるらしい。実習生Iさんは苦痛に感じながらも「殺してくれ」「死にたい」という発言が繰り返されることをその後の観察から理解した。背後には，在宅時の家族による虐待や入浴介助時の妻の「溺死事件」があり，トラウマの疑われる事例であることもその後の学習から理解され，実習を深められたのである。

2-8　利用者にしつこくアドレスをきかれる

> ビネット 19
>
> 　身体障害者更生施設（入所）で実習をしているKさんは利用者の若い男性Lさんからアドレスをしつこくきかれて困っている。断ると「自分が障害者だから教えないのか」と強くいわれ，自分が差別しているのではないかと感じて苦しい。

　利用者のニーズの1つには実習生を通して「外の風を感じる」こともある。外部との接触が少なくなりがちな状況を余儀なくされている場合，とりわけ事例のような若い利用者にとっては外の異性に出会う貴重な機会になっているのだろう。機会をとらえるのに必死なあまり，かなり強引なやり方をしてしまっているようである。他の事例では，エスカレートして，実習生の立場からすれば，ストーカーまがいにつけ回された，セクシャル・ハラスメントを受けたと感じられる事例も多くある。

　実習生にとっては異性から強引に声をかけられるということだけでも，かなりのプレッシャーになる。ましてやセクシャル・ハラスメントがあれば，対象者理解以前に拒否感や嫌悪感のみが残ってしまうとしても不思議ではない。しかし，専門職としてはそのような利用者も援助していく必要があるので可能な限り，以下のような方法で学習の機会として活用しよう。

　(1)　「アドレスをきかれてどう答えるか」ということは自分の公私の線をどこに引くか，という問題である。アドレスは基本的には直接サービス提供には関わらない，私的な事柄に属する。それを教えるということは私的な領域に利用者が入ってくる可能性があるということであり，それを認めるというサインになる。そのようなことを意識化し，専門職としての利用者との関係を考える機会にしよ

う。具体的には私的な部分にその人が入ってくることが嫌であれば，アドレスは教えないということになる。

(2) 利用者がなぜそのような言動をとるのか，理解してみよう。たとえば重度の知的障害者の場合，本当にセクシャル・ハラスメントなのか，甘えなのか考えてみることは大切である。性的な関心はまったくない場合も多くあるからである。

事例の「自分が障害者だから教えないのか」というLさんの言葉のなかには，本人の性格的特徴から考えると，コンプレックスよりはその言葉の脅迫的効果（実習生に対する）を狙った感がある。

(3) 自分のなかの「差別感」について一度は考える必要があるので，その作業をする機会とする。この場合には「障害者であるという理由でアドレスを教える」という反対側の条件を考えてみることもできる。障害者であるという理由で，アプローチをしてくる好きでもない異性にアドレスを教えることのほうが，よほど差別的であろう。

3 教員による実習中の巡回指導

3-1 巡回指導とは

実習中には，各学校の教員による実習巡回が行われる。学生が実習生として，実習先で心細い思いをしているときに，担当教員が実習先にきてくれるととても心強く，実習を続けていくうえでの励みともなるだろう。実習巡回時の指導である**巡回指導**は，実習中の学生にとってさまざまな意味をもつ。では実習中に行われる巡回指導とは何か。

社会福祉士が国家資格として規定され，カリキュラムが整備される以前から，社会福祉を学ぶ学生の現場実習は多くの大学・短大・

専門学校で行われていたが，その実施方法，実施期間，実習機関等は各学校によってさまざまであった。しかし，社会福祉士のカリキュラムの一環として，社会福祉援助技術現場実習は4週間以上（180時間以上）と規定され，現在ではそれぞれの学校でこの規定に準じた実習を行っているのが現状である。

巡回指導についてもかつては各学校でさまざまな方法で行われていた。しかし，2000年4月からの社会福祉士養成施設におけるカリキュラム改定により，厚生省（現・厚生労働省）は週1回の巡回指導を社会福祉士養成施設に課した。同省は，社会福祉士養成施設に対するこの規定を，社会福祉士の養成を行っている大学・短大等においても準拠するようにと指導した。これを受けて，一般養成施設以外の大学・短大等でも実習中の巡回指導のあり方が議論され，社会福祉援助技術現場実習において巡回指導の重要性が認識されつつあるといえる。

では巡回指導とは何か。この言葉の明確な定義はないが，実習中に担当教員が実習先の機関・施設において実施するスーパービジョンをさすととらえることが可能である。実習中に遭遇するさまざまな問題点，実習計画の変更等に学生だけでは対応できない場合に，また学生が適切に実習を行うためにも，担当教員がスーパービジョンを実施し，学生がより効果的な実習を行えるように援助する行為である。実習機関・施設でも実習担当のスーパーバイザーが適宜スーパービジョンを行っているが，機関・施設内のスーパービジョンでは言えないような問題を解決し，また学生の新たな観点を引き出すために行うことが巡回指導の役割である。たとえば，実習先のスーパーバイザーとうまく関係がもてない，実習先のスーパーバイザーに言うほどではないが利用者との関係が今ひとつ上手にとれない，実習先の批判をしてしまったがよかったのかどうか，実習先に対し

て何らかの不満をもっているがそれを言えない等，実習中には実習先のスーパーバイザーには言えないことが生じる場合も多い。このような場合に，実習生をサポートし，円滑に実習が行われるように指導していくことが巡回指導である。

3-2 実習巡回時までに整理しておくこと

巡回指導は状況によって異なるが，多くの学校では週1回あるいは2週間に1回，4週間に1回という割合で行われている。

実習は初期，中期，終期の3段階に分けられる。大まかに分けると，2週間実習であれば，最初の5日間が初期，次の5日間が中期，最後の4日間が終期となる。4週間実習であれば，1週目が初期，2週から3週目のはじめ頃までが中期，3週目の終わり頃から最後の4週目が終期となろう。

初期には実習先に慣れること，実習先の業務等の状況を理解することが最大の目的となる。たとえば①実習先の歴史，②設立された経緯，③設立趣旨，④機関・施設の理念・目標，⑤業務の概要，⑥利用者の状況などを把握する。また，利用者の名前を覚えることもこの時期にとって重要なことである。実習前に受けた諸注意を守っているかどうか，実習先から事前学習をしておくようにいわれたことについてどのように行い，どのような疑問が生じたかを明らかにする時期でもある。

そろそろ実習先にも慣れてきた中期には，①利用者一人ひとりの状況把握ならびに問題分析，②地域の状況ならびに機関・施設の地域への働きかけ，③機関・施設の管理状況，などをみていくことになる。また，中期は初期からの実習状況を振り返り，①自分の利用者への接し方，②実習ノートの書き方，③職員との関係などを見直す時期でもある。

終期では，実習のまとめを行うことになる。①対人関係のもち方，②毎日の実習目標の設定と評価は妥当であったか，③日々の実習目標と全体の実習目標は達成されたか，達成されなかったとしたら何が原因か，④実習生としての機関での位置づけ，⑤実習生としての態度などを総合的に学生自身が把握することになる。

　それぞれの時期において，実習巡回時までに整理すべき共通事項は，第1に，実習目標の確認と評価である。実習生は全体の実習目標と日々の実習目標とを設定している場合が多い。実習目標を変更する場合には，実習目標の変更がなぜ必要になったのか，変更した実習目標は妥当か，などを検証する必要がある。第2に，日々の実習または実習全体の感想である。日々の出来事に対して，自分はどのような感情を抱いたかを深く読みとることが重要である。事実のみを実習ノートに記載する学生がいるが，自分がどう思っているのか，どう感じたのかが巡回指導時の重要なポイントとなる。たとえば，講義を受けただけの日があったとしても，何の講義を受けたのか，その講義をきいてどう考えたか，講師にできた質問は何か，できなかった質問は何かなどが明確にならなければならない。また，実習先で居心地が悪ければなぜ居心地が悪いのか，自分の側に問題はないか，機関・施設側に問題はないかなどを考えることも必要である。利用者についても，この人とはうまく話せるのに，あの人とはうまく話せないということが，なぜ起きるのかを自分自身の日頃の対人関係のもち方や過去の対人関係などを念頭において考えていかなければならない。第3に，実習巡回時に担当教員にたずねたいこと，話したいことをつねにメモをしておく必要がある。私たちは，日常のさまざまな行為のなかで，頭の中にいろいろな感情や感想，意見などがわき起こる場合がある。しかしそれらは泡のようにすぐに消えてしまうので，必ずメモをとっておかなければならない。た

とえば，このことは施設のスーパーバイザーに聞けないから実習巡回のときに先生に聞こうということがあった場合は，その場で自分の感情とともにメモをしておくとよいだろう。ここで重要なことは施設のスーパーバイザーになぜ聞けないのかということを言語化し，文章化しておくことでもある。

　これらの事柄を整理して，実習巡回の面接に臨むことになる。

3-3　実習巡回時の面接について

　さて巡回指導までに行う事前の準備が確認できたところで，いよいよ担当教員が学生の実習している機関・施設を訪問する日がきた。巡回指導は社会福祉援助技術同様に，実際に学生や実習先の担当者と会うことから始まる。施設長等の管理者への挨拶も巡回のなかに含まれる場合もあるが，おもな目的はあくまでも担当教員が学生や実習指導者と会い，学生の実習における問題等を確認し，今後の実習継続に向けてよりよい体制をつくること，そして学生の実習状況について実習先の担当者と確認することである。

　実習巡回時の面接には，(1) 担当教員と実習指導者が行う二者面接，(2) 担当教員と学生が行う二者面接，(3) 担当教員と実習指導者と学生が行う三者面接，の3種類がある（この方法は，社会事業学校連盟北海道ブロックで強調されているが，一般的にとらえられている方法でもある）。

　(1)　担当教員と実習指導者が行う二者面接　　この面接では，学生の実習への取組み方，実習内容，学生のモティベーション，記録の書き方，マナー等の社会性，社会福祉実践者としての適性などが話し合われる。実習指導者からの学生や学校に対する要望等もこの場で話し合われる。実習指導者が学生に伝えにくいことをこの場で話し合い，担当教員から伝えてもらうようにする場合もある。巡

回指導後の実習内容や指導方針の変更等について話し合う場合もある。

(2) 担当教員と学生が行う二者面接　本章3-2の「実習巡回時までに整理しておくこと」で述べたことを、学生から教員に伝える場である。担当教員の「実習はどうですか」という問いに対して「はあ、大丈夫です」と答える学生がよくいる。何が大丈夫なのか、なぜ大丈夫だと思うのかを担当教員がスーパービジョンをしていくことになるのだが、自分自身の実習を言語化できていない、認知できていない学生に多い答え方である。時間の限られた巡回指導時にこのレベルの学生のスーパービジョンを行っていくことはとても大変である。学生にとっても有意義なスーパービジョンとならない場合もある。ある程度、自分自身で問題を整理しておかないと、巡回指導の意義が薄れてしまうことに注意したい。

(3) 担当教員と実習指導者と学生が行う三者面接　三者面接ではどうしても学生が遠慮、萎縮してしまう場合が多い。ここで実習指導者も学生もある程度、本音でいえるような関係がつくられていると実習もうまくいっているということになる。学生の「もっとこうしたい」「こういうこともやってみたい」という思いをここで述べることによって、実習指導者との関係も深まるし、実習もより充実したものになる。

巡回指導は実際には状況に応じて上記の(1)から(3)を組み合わせて行う場合が多い。たとえば、巡回指導に行ったが学生が急なケース訪問のために外出してしまった場合は、(1)のみとなるし、実習指導者が急な用事で外出した場合は(2)のみとなる。実習生のスーパービジョンだけが実習指導者の業務ではないので、どうしても実習指導者の職員としての公務が優先することはしかたがないことである。学校が巡回指導の日程調整を行っても、やむをえない

場合は生じるので、ケースバイケースで対応すべきであろう。

巡回指導時に教員と会えなかった場合は、何らかの方法で連絡をとるようにしなければならない。たとえば電話をかける、メールを出す、ファックスで連絡をとるなど、いくつかの方法が考えられる。一番よいのは、会わなくてもそのときの気持ちを相互に話すことができる電話によって教員と連絡をとることである。電話での連絡は、巡回指導時に会えなかった場合だけではなく、実習中に不慮の問題が生じた場合にも必ず行ったほうがよい。問題は巡回指導時に発生するわけではない。また、実習機関・施設内で話せないことを相談するには、実習時間外に電話で相談するとよい。また、巡回指導時に機関・施設内で話せずに、結局学生に近くの駅まで送ってもらいながら話すということもよくあることである。

巡回指導だけが実習指導の場ではない。学生は適宜自分の状態にあった実習指導を受けられるように学生自身も工夫する必要があるし、学校側もそれに対応できる体制をつくることが重要である。

巡回指導時には、実習ノートの書き方等について指導を受けることも重要である。目標の立て方、目標達成状況等の確認だけではなく、実習ノートそのものの書き方について、具体的に指導を受ける。

また、巡回指導における面接で実習継続の可否を決定することもある。実習先が学生の実習継続を躊躇している場合もあるだろうし、学生自身が実習継続に自信がなくなっている場合もある。現状では実習中止という処置を講じることは最後の手段となっているが、実習機関・施設も積極的に実習継続不可の問題について、巡回指導時に担当教員と話し合う必要がある。学生自身も、資格に固執して実習を継続することだけに意識がいってしまい、かえってつらい思いをしているのであるならば、実習は中止するほうがよいであろう。

その決断の機会の1つが巡回指導である。この場合に，実習指導者が実習を中止したほうがよいと考え，学生がそのように考えていなかった場合には，実習指導者と学生の考えを担当教員がよくきいて調整する必要がある。現状では，社会福祉援助技術現場実習が必修となっている学校が多く，実習中止は卒業単位と関係するために，無理矢理にでも実習を終了しなければならないという状況になる場合もあるが，専門職の養成という側面を考えると大変大きな問題である。実習はいわば学生が社会福祉専門職としての適性を確認する場でもあり，自分に適性がないと判断した学生にとって，実習は苦痛の場でしかなくなるばかりか，そのような状況で実習を継続することはかえって実習機関・施設に対して，利用者や入所者に対して失礼になってしまう。実習巡回時にはこのような場面も想定して，学生の適性についても話し合う必要があろう。ある機関・施設で適性がないからといって，社会福祉すべてに対して適性がないとは限らない。在学している限り実習の機会はあるのだから，自分にとって最良の方法で実習を行うことが必要であろう。

3-4 巡回指導後の実習について

巡回指導後には実習巡回で指導されたことを日々実践し，それを指導されたように確認していくという作業を行っていくことが重要である。1回の実習で複数回の巡回指導がある場合は，次の巡回指導までに前回の巡回指導で指摘された問題点が改善されたか，改善されない場合はなぜか，自分の考え方，感じ方に変化はあったかなどを整理していく。そして次回の巡回指導では，前回の問題点の確認，新たに生じた問題点の確認，実習ノート等の改善状況，などを担当教員と話し合う。

巡回指導だけが実習時のスーパービジョンではない。学生から担

当教員につねにコンタクトがとれる体制を確認し，自分ひとりですべての問題を解決しようと思わずに，気軽に相談していくことが実習を円滑に進めていくポイントである。

4 実習ノート，サブノートの書き方

実習ノートは最も広く普及している実習中の課題である。この課題は実習評価のうえでも大きなウエイトをおかれる傾向があるし，実習生にとっても日々かなりの時間を割かざるをえない課題でもある。この節では実習ノートとは何かということを考え，書き方について述べる。さらに**サブノート**の書き方について述べていく。

4-1 実習ノートとは何か

実習ノートは実習生自身にとっても，また実習指導者（教育機関・実習先）にとっても大きな意味をもつものである。実習生自身にとっては自分の日々の実践を記録し，それを振り返ることによって客観化し自分の実習を深めたり，次の計画を立てたりするための手段となる。また，実習指導者にとっては実習生の日々の実習内容を把握し，アドバイスをするための媒体となる。

つまり，実習ノートは実習生自身にとっての記録であると同時にスーパービジョンのための道具である。実習生が行動した内容と同時に，その場面に即して考えたことを実習指導者に伝えて，指導を受けるという目的をもっている。

実習ノートの記録としての性質は先に述べたような目的に規定されてくる。つまり実習生自身にとっての実習内容の記録であるという側面と，それを実習生にとっては他者である実習指導者に提出して理解してもらわなくてはならないということである。

実習ノートの記録としての性質を考えるときに，3つの記録のモデル，すなわち観察記録・日記・手紙の性質から考えてみたい。観察記録は「アサガオの観察記録」のように客観的な事実のみを淡々と記録するものである。日記は主観的な色彩の強いものであり，自分にとって自明のことであれば，客観的な事実は捨象されて，考えたこと感じたことを中心に記すことができる。手紙は相手があるので，こちら側のことを理解できるように伝える，というコミュニケーションの要素が強い。

　実習ノートはこれらの3つのモデルの要素をすべて含んでいるといえる。つまり，事実が客観的に記録される観察記録の要素と，そこから主観的に考えたこと感じたことも記録する日記の要素と，それらの内容を伝えるという手紙の要素である。

　またこれらの要素に加えて，実習先で場合によっては回覧されたり，実習の成績評価の対象となるなど，公的な性格もある。この点は意識し過ぎると実習ノートの本来的な機能を失うことになるので注意されたい。

4-2　実習ノートの書き方

　何をどう実習ノートに書くかということを実習生によく質問される。実際，実習生にとっては悩みの種であるようで，記録に5～6時間をかけてしまったという話もよくきかれる。しかし，先に述べたような実習ノートの記録としての性格からこの答えはかなり導き出されてくる。

　(1) 実習生がどこでどういう体験をしたのかという内容を数点に絞り，わかりやすく記録する（事実の記録）　実習内容の詳細は実習ノートのフォームにもよるが，時系列に従って実習ノートの本文とは別に記録するようになっていることが多い。ここで重要なのは

1日にあったことを羅列的に書かずに，数点に絞り込むということである。機関実習であれば，見聞きしたことのうち数点を，施設実習であれば利用者とのやりとりのうち，印象的な場面を1～2場面切りとって記録する。絞り込む際には，とくに指導を受けたいこと，疑問に思ったことなどを選択するとよい。数点にわたって記録する場合でも箇条書きにすることは避けたほうがよいだろう。

(2) 記録した事実に即して考えたこと，感じたことを書く（主観的側面の記録）　記録した事実を巡って自分が考えたこと感じたことを書く。たとえば機関実習で見聞きする体験が主であれば，そこから考えられたことを書いてみる。このときには授業科目で学んだことと照らし合わせながら，自分なりに考えられたことを展開してみるのもよいだろう。その考え方について指導を受けることができるからである。また，施設実習で利用者との関わりが主であれば，やりとりのなかで感じたことを記述してみる。利用者の言動を自分がどのように理解したか，そのときに自分はどう感じたかをなるべく自分の言葉で述べるようにする。対象者理解や援助関係形成について指導を受けることができるからである。このとき注意するのは，主観的な感情表現を表す言葉（たとえば楽しい，悲しい等）を用いるときには相手に伝わりやすいように何がどのように悲しいのかということを言語化するように心がけるとことである。

また，(1)の「事実」の部分と，(2)の「主観的側面」はなるべく分けて記録するように心がけてみてほしい。

(3) 公的性格に少しだけ配慮した書き方をする　実習ノートは複数の職員の目にふれたり，成績評価の対象となるなど公的な性格も合わせもつので，他人に伝わりやすい言葉でわかりやすく書き，誤字脱字もないように配慮する（実習期間中は辞書が必携）。シャープペンシルや鉛筆書きは避けて万年筆やボールペン等で記録する

(修正液は通常使用可)。また利用者のプライバシーへの配慮から利用者の氏名等は仮名やアルファベット（ABCさん等）にするなどの配慮が必要である。

4-3　サブノートの書き方

　実習中に起きたことを記録しておくために，実習ノート以外にサブノートを書くことが勧められる。実習ノートがスーパービジョンの道具であり，半ば公的な性格をもつのに比べて，サブノートは自分用のメモであり，形式内容等に特別なルールはない。しかし幾点かの留意点があるので示しておきたいと思う。

　(1) サブノートはなるべく携帯に便利なものを用意する　　サブノートとして用意するものは，大判のノートであるよりは，小さいメモ帳のような携帯に便利なもののほうがよいようである。ポケット等に忍ばせておいて，ちょっとした空き時間にメモをとるように心がける。

　(2) サブノートの記入はTPOをわきまえてする　　携帯に便利なものを用意しても，機関実習・施設実習ともに利用者の目前でメモをしたりすることは避けなければならない。また勤務中・作業中にメモをとることは施設実習では難しいことが多い。したがって実習中はメモをとるタイミングをうまくとることが必要である。休憩時間や移動時間等ちょっとした時間をうまく使うようにする。実習時間内にサブノートを書くことができなかったときには，なるべく速やかに再構成して記録するようにする。

　(3) サブノートの内容はうまく実習ノートに反映させる　　サブノートをとるのは，①細かな情報を記録するためと，②自分の考え，感じたことをなるべく漏らさず記録するためである。

　①についてはオリエンテーション等で聞いた機関・施設について

の基礎データや，クライエントの記録などのメモが含まれる。また実習中に与えられた課題によっては，特定のクライエントの行動記録のメモ，面接同伴時のやりとりの記録などが含まれるだろう。

②についてはサブノートの内容には当然，実習ノートには書ききれない，あるいは書くことの難しい内容も含まれてくる。またそのようなことを書くこと自体が実習生にとってカタルシスになることもある。

しばしば実習生は「建前ノート」と「本音ノート」のようなかたちで実習ノートとサブノートを使い分けることがある。じつはこの両者の使分けをし過ぎることは，あまり勧められない。実習先の指導者に自分の感じていることをうまく伝えられずにサブノートに吐き出し，建前ノートには当たり障りのないことだけを書く，というのでは実習のスーパービジョンの意味が半減してしまうからである。

サブノートに書きとめたことは，実践への疑問や批判を含んでいたとしても書き方・伝え方を熟考工夫してうまく，実習ノートに反映させて伝えよう。多くの場合，指導者から自分たちの実践についての意味づけ（そのような実践をする理由）をしてもらえると思う。自分のとらえ方と実践現場でのとらえ方を比べ，多面的にみたうえでさらに自分なりに考えを深めることこそが実習の醍醐味なのである。

(4) 行動することと記録をすることのバランスをとる　配属実習では何を考えたかということも大切ではあるが，どう行動したかも大切である。実習生のなかにはこのバランスが著しく悪く，利用者との関わりがほとんどできないにもかかわらず，サブノートが立派という例がある。「記録する」ということに逃げ込んでしまい時間を多く費やすのではなく，あくまでも実践を大切にするように心がけよう。実践あっての記録だからである。

● 演習問題 ●

1 駅などの人の集まる場所へグループで出かけ,「人間ウォッチング」をしてみよう。その際迷惑にならないように気をつけながら①数人の人の言動を描写する練習をしてみよう,②その言動からどのような人だと感じたか書いてみよう。

2 サブノートを実習時間中につけることのリスクについて考え,話し合ってみよう。

3 実際に利用される学校の実習ノートを手にとり,記入上の工夫,また記入方法について考えてみよう。

4 先輩の実習日誌を一部資料提供してもらって,「事実」と「感想」に分けてリライトしてみよう。

5 「職員が利用者(重度知的障害者)をアダ名で呼ぶのを聞いてしまい,おかしいと思った」という設定で実習指導者にそのことを上手く伝える日誌を書いてみよう。またそれをお互いに読み比べて感想を話し合ってみよう。

■ 引用文献

Chiaferi, R. and M. Griffin [1997] *Developing Fieldwork Skills: A Guide for Human Services, Counseling, and Socialwork Students*. Brooks/Cole Publishing Company.

Column❷ プレッシャーを乗り越えて

「君はいったい何をしにきたの」。

最初に実習ノートを渡したときにいわれた言葉である。そのノートには実習目標が5行程度で書かれていた。内容は当たり障りのないものであった。スーパーバイザーから「こんなのは目標ではない。もっと具体的に書いてほしい。ここは支援センターなのだから支援センターの機能、そこで必要になる面接技術、知識を書いてきなさい。それを目標にこの実習を進めていきます」といわれた。それから「ソーシャルワークの価値とは、知識とは、技術とは何だと思いますか」と聞かれたが、ほとんどまともに答えられなかった。そんな私にスーパーバイザーは、「実習とは学校で学んだことを現場で実践することで知識と技術を結びつけるところです。価値については、この実習を通して考えて欲しい」といわれた。お客様気分で実習に臨んでいたことを痛感させられ、初日にプレッシャーをかけられた私は早速その日徹夜で援助技術のテキストを読み返し、具体的な内容の目標に書き換えて2日目から新たに実習に挑むことになった。

この支援センターの方針で、実習生は1カ月間に2ケースほどアセスメントからプラン作成、カンファレンスを通してのサービス導入、時間があればモニタリングまでのケアマネジメントを実践することになっていた。ロールプレイ以外に面接などしたことがない私がいきなり自宅を訪問して面接をする。当然アセスメント能力がないことから十分な情報が得られず、もう一度訪問することになったり、カンファレンスの場で指摘されたことについて、防衛機制を働かせてしまい注意を受けるといった経験をしながらも、一連の流れのなかできちんとしたスーパービジョンを受け、私自身の今後の課題についてまで教えていただき、私にとってはかけがえのない1カ月間の実習であった。
(福寿会 総合在宅支援センターふくろう ソーシャルワーカー　弓狩幸生)

Column ❸ 実習生に望むこと

　現場実習は，資格取得のためには必要不可欠なものであるが，受入れ側の多くの施設や機関は歓迎して実習生を受け入れているとはいいにくい場合もある。むしろできるのであれば実習生にはきてほしくないと思っている場合もある。それは，実習生側の姿勢に問題がある。実習生のなかには，単位取得のために目的意識をもたずにくる人もいる。入所施設では「利用者がどのような生活をしているのかをみにきた」という実習生も少なくない。実習生の側からすると所定期間の実習をすませればよいのであろうが，利用者にとってはそこが生活の場であることを理解してほしい。もし逆に自分自身が利用者の立場であったらどのような気持ちになるかを想像してほしい。傲慢な気持ちや無目的な実習生にはきていただきたくないのが本音である。オリエンテーションの前から積極的な気持ちでいろいろな情報を取り寄せて，目的をもって謙虚に実習に臨んでほしい。そして，オリエンテーションの際により具体化した目的と計画を立てることが大切である。それが現場実習をするうえでの最低限の礼儀だと思う。

　2週間から1カ月の短い期間での実習を実りの多いものとするためには，積極的に動き，毎日の記録に自分自身が感じたこと疑問に思ったことなどを実習担当者に伝える，対処に困ったことは必ず職員にきき，職員から指導を受けた利用者の対応方法や方針に沿って動いてほしい。指導方針と違った対応をとっていたり，利用者と個人的に勝手な行動をとることは非常に迷惑をすることがある。直接利用者との関わりのなかで知り得た情報は必ず職員に伝えてほしい。そして，現場実習で知り得た個人のプライバシーは絶対に他言してはならないことにも注意してほしい。実習後の反省を学校だけではなく自分自身の心のなかで総括することが大切であると思う。

　　　　　　　　　（児童養護施設光の子供の家　児童指導員　穴水祐介）

6章 事後学習

本章で学ぶこと

　本章の課題は，社会福祉援助技術現場実習指導の配属実習後の事後学習におけるグループ・スーパービジョンや評価の活用による実習体験の意味づけと評価を行い，それを実習総括レポートとしてまとめることです。「事後学習」は，配属実習後のグループ・スーパービジョン，評価の活用，実習総括レポート，実習総括全体会のプロセスからなっています。

　そこで本章では，はじめに事後学習の課題と授業の進め方を述べ，さらに，事後学習の実際を事例で示します。また，実習先が行う実習評価について，それを事後学習においてどのように活用するかを学びます。最後に実習総括全体会についてふれています。本章では，事後学習のイメージをもちやすいようにたくさんの事例を紹介し，事後学習におけるスーパービジョンにおけるポイントを示しています。

1 事後学習の課題と授業の進め方

1-1 事後学習の課題

配属実習が終わってからも学内での学習は継続される。配属実習後のおもな課題として**実習総括レポート**の作成と**実習総括全体会**の実施がある。

実習総括レポートは，配属実習の体験を踏まえて実習終了後に学生が作成するもので，それは多くの場合配属実習先にも配付される。このレポート作成の過程は，配属実習の体験を振り返ったうえで今後の学習課題を明確化し，その後の進路選択などに結びつけるプロセスでもある。さらに，実習先の実習評価を受け，それを自己評価として深めていくプロセスもここには含まれる。

また実習総括全体会は，実習で学んだ成果を同じ社会福祉援助技術現場実習を履修した学生同士や実習担当教員以外の学内教員，場合によっては次年度履修予定学生や実習受入れ先の職員などと共有しあう場である。とくに，実習受入れ先の職員に対しては，実習終了後の学生の成長を伝え，受入れに対する感謝の気持ちを，学生と教育機関が一体となって伝える場でもある。「実習総括全体会」は，厚生労働省のシラバス上の名称であり，学校によって呼び方は異なるが，実習後の全体的な総括の場であると理解することが可能である。

そのために，毎週の社会福祉援助技術現場実習指導の授業において，実習体験の振り返りを行い，実習での学習成果をまとめていくことが必要になる。各教育機関によってその授業形態は多様である。たとえば少人数のグループを形成し，グループ学習として進める形態をとる場合がある。グループ構成は，実習先が同じ種別の学生同

士で構成される場合や,教員の演習と同じメンバーで構成される場合など,さまざまである。また,全体講義と個別指導という形態で行われる場合もある。このような違いは,各教育機関における実習教育体制,つまり履修学生数とそれに対応する担当教員数や,実習指導講師,助手などの配置や業務分担などによって生ずる。各教育機関は,それぞれの条件に合わせた創意工夫のもとに事後学習を進めているが,その目的と内容は共通のものである。

1-2 事後学習の進め方

社会福祉援助技術現場実習(以下「実習」という)は,社会福祉の援助活動の実際を学ぶ科目である。援助活動の実際を学ぶとは,学生が社会福祉の施設や機関に出向き,実際に援助関係を形成して,援助の実際を体験を通して学習することである。そこでは,学生が自分自身で行動し,それによって感じ,考え,評価すること,すなわち体験を通して学んでいくことが大切である。

また,実習は機関・施設に出向いて行う配属実習を中心としながら,事前・事後学習を含めた一連の過程をいう。ここで,一連の過程はリンケージという概念で説明することができる。リンケージとは,事前学習で計画を立て,配属実習でそれを実践したことを受けて,事後学習でその体験を具体的に「思い出し」,それはどのように理解できるか「多面的にとらえ直し」,そしてその体験を「意味づける」ことをらせん状に繰り返す一連の過程をいう。これを活用することで,実習レベルがより高次の段階に発展をしていくことを保証する概念である(日本社会事業大学［1987］および社会福祉実習のあり方に関する研究会編［1988］第1章で示された概念を執筆者・村井が意訳したものである。なお,この概念についてはBogo and Vayda［1998］,p.4に詳しく説明されている。図6-1参照)。

具体的に各段階でどのようなことを行うか，説明しよう。まずはじめに，「計画を立てる」。これは学生自身が，自分のいく機関・施設でどのようなことを学びたいか，そこでの目標をどう立てるか，そのためにどのようなプログラムを用意してもらったらよいか，などの計画を実習先と相談しながら立てることになる。そして，その計画にそって配属実習先で「体験する」。この部分は❹章，❺章に詳しく述べている。

配属実習終了後は，その体験を「思い出す」ことから始まる。それは，体験場面を「自分の行ったこと」「その時の自分の感情」とともに「相手の言葉や態度，表情」など，またその時の周囲の状況，他の人たちの反応を，具体的に思い出してみることである。さらに，思い出したことを「多面的にとらえる」作業を行う。多面的にとらえるとは，思い出したことを，その時はどのように理解したか，今はどう理解したらよいかなど，さまざまな角度から検討してみることである。そして最後に，その体験についての「意味づけ」を行う。体験したことは，これまで学んできた理論や技術などの知識と結びつけて考えると，どういう体験としてとらえることができるのか，

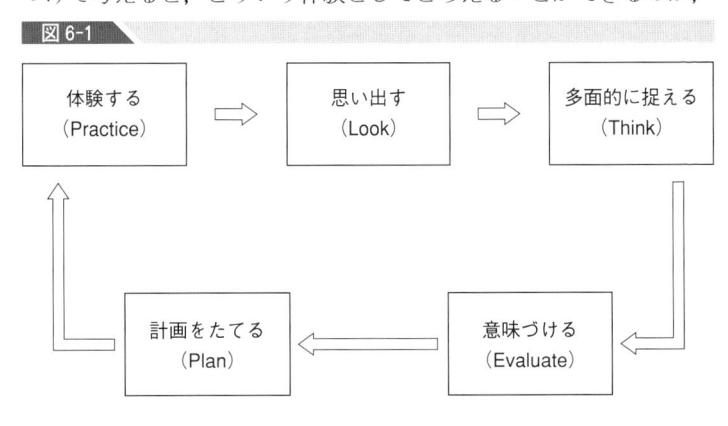

図 6-1

体験する（Practice） → 思い出す（Look） → 多面的に捉える（Think） → 意味づける（Evaluate） → 計画をたてる（Plan） → 体験する（Practice）

そしてそれはどのような理解につながるのかを問い直し，実習体験の意味を深めること，それが「意味づける」ことである。

年間を通した実習全体がこの循環にそって展開していくととらえれば，配属実習とともに事後学習のプロセスが重要な意味をもつことが理解できるであろう。

1-3　実習スーパービジョンとは
[1] 実習スーパービジョンの意味と構造

実習は上記のようにリンケージの循環にそって展開していくが，それを学生は1人で行うのではない。実習の過程は，実習をする学生と彼らに関わる人々（配属実習先では職員や利用者，事前・事後学習では教員や実習履修中のほかの学生たち）との相互作用によって進められる。そして，配属実習中は実習機関・施設の実習担当者（実習先のスーパーバイザー）が，学内では実習担当教員（学内のスーパーバイザー）が，学生が効果的にこの循環を進められるように援助する。この実習担当者や実習担当教員の援助を受けながら実習を進めていくプロセスをスーパービジョンという。

アメリカなどの場合，実習のスーパービジョンは配属実習先のスーパーバイザーが一貫して行う場合が多い。日本の場合，社会福祉士国家試験受験資格要件で実習期間が4週間という基準になっているため，大部分が4週間という短い期間で配属実習を終了する。また，実習形態も4週間連続した集中実習型，あるいは2週間ずつを一定の間隔をあけて繰り返す分散集中型が多く，なかには1カ所2週間の実習を2回行う場合もある。そして，多くの場合，教育機関は配属実習期間後のスーパービジョン契約を実習担当者と結んでいない。そのため，学内における事後学習の場で配属期間に学んだことを反芻し咀嚼するためのスーパービジョンが必要になる。その際

のスーパーバイザーは学内教員である。

したがって，実習では配属実習中は実習担当者がスーパーバイザーとなり，事後学習期間には学内教員がスーパーバイザーとなる二重のスーパービジョン構造になる（図6-2参照）。そのために，学内教員は実習契約の際に，お互いのスーパーバイザーとしての役割と権限を確認し，配属実習中のスーパービジョンの内容を把握するために，実習担当者と連携して学生の状況とスーパービジョンの進展状況を確認したり，学生の作成した実習記録に目を通すなどして，配属期間中のスーパービジョン内容を把握しなければならない。

[2] 実習スーパービジョンの機能　　具体的に実習プロセスを援助するとはどういうことか。これをスーパービジョンの機能として説明しよう。

スーパービジョンの機能は，①管理的機能，②教育的機能，③支持的機能の3つに整理することができる。管理的機能とは，実習計画作成への援助やそれを具体化した実習プログラムを用意することであり，さらに実習中の様子をみて，計画の変更やプログラムの追加などを行うことである。たとえば学生はよく「この一言で利用者

図6-2　実習におけるスーパービジョン体制の二重構造

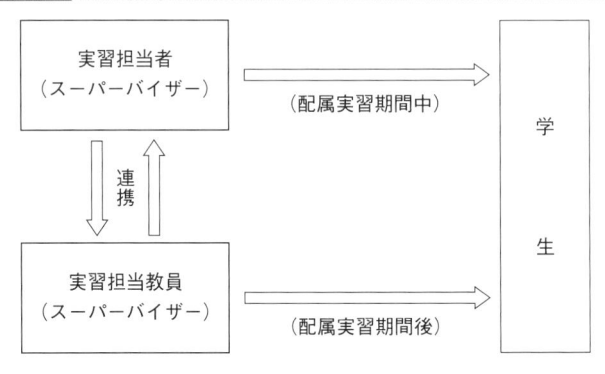

```
┌─────────────┐
│  実習担当者     │ ═══（配属実習期間中）═══▶  ┐
│（スーパーバイザー）│                              │
└─────────────┘                              学
      ↕ 連携                                   生
┌─────────────┐                              │
│  実習担当教員    │ ═══（配属実習期間後）═══▶  ┘
│（スーパーバイザー）│
└─────────────┘
```

が一生傷ついたりしたらどうしようと思うと，言葉がかけられなくなる」とか，「これをしたら相手にケガをさせるのではないかと不安になった」などと言う。しかし，スーパーバイザーは学生の能力や実習の進行状況を把握し，けっして利用者が一生傷ついたり，ケガをしたりしないように，学生も利用者のことも護る。これは実習スーパービジョンの管理的機能の一例である。

教育的機能とは，実習先で必要とされる知識や技術を教えること，訓練することをさす。教えるとは，新たに習得しなければならない知識や技術を教えることだけではなく，これまで得てきた知識・技術を実際の場面と結びつけて理解させることも含む。さらに，これから学ばなければならない課題を明確にすることもスーパービジョンの教育的機能である。訓練とは，それらを実際の実習展開場面と結びつけて繰り返して学ばせることをいう。学生は，自分1人では知識や技術を実際の場面に合わせて確認することがなかなかできないが，スーパーバイザーの援助を受けることによってそれができるようになる。

たとえば，実習で体験したことを事後に再現し，その意味づけを行うことも教育的機能である。その際体験したことによってわかったこと，できたこととともに，わからなかったこと，できなかったことも重視する。なぜならばわからないこと，できないことがわかったことによって，これから学ばなければならない課題が明確になったととらえるからである。学生の多くはできなかった，わからなかったことを否定的にとらえる傾向が強く，そのためそれには意味がないととらえるか，あるいは何も体験しなかったと思ってしまうことがある。しかし，この整理の仕方によって今後の課題を明確にすることができるようになる。

支持的機能とは，学生の実習を認め，励ますことである。これは，

1　事後学習の課題と授業の進め方

学生をやみくもにおだてたり，ほめあげることではない。また，問題点や課題にふれないようにすることでもない。一つひとつの具体的な実習体験のなかで，できているところ，よい点，これからもっと伸ばしていってほしい点を具体的に確認し，学生とスーパーバイザーが共有することである。また，結果だけではなくその過程を通して学生の姿勢や意欲を認めることが支持的機能である。それによって学生は，実習体験と向き合うことができるようになる。

　事後学習のプロセスはおもにスーパービジョンの教育的機能，支持的機能によって支えていくプロセスと位置づけることができる。

[3] 実習スーパービジョンの形態

具体的なスーパービジョンの形態には，次のようなものがある。

(1) **個別スーパービジョン**　個別スーパービジョンは学生とスーパーバイザーが一対一で行うスーパービジョンである。これは学生とスーパーバイザーが定期的に時間を設定して行う場合と，どちらかが必要だと思ったときに設定する場合がある。個別的な事情についてのスーパービジョンや緊急を要するときなどは，個別スーパービジョンが適当であろう。具体的には次のような場合，個別スーパービジョンが有効であった。

　実習先で事例研究をすることを課題としてだされた学生は，事例として選定した児童のケース記録を読んだり，日常的にも意識的に関わりを多くして，事例研究に取り組む準備を進めていた。しかし，児童養護施設という集団生活の場で，1事例だけを取り上げて研究することと，子どもたちと日々の生活をともに過ごすこととがどのように繋がるのか悩んでいた。だんだん実習期間が残り少なくなって焦ってきて，学生から個別スーパービジョンを申し出てきた。

　担当教員は，学生の相談を聞いたのちに「なんのために事例研究をするのか，それを自分自身で納得しているのか」と問いかけた。

学生は，事例研究によってその子どもの行動を治そうと思い込んでいて，そのためにどうしたらよいかという解決策をだすことを事例研究の目的にしようとしていたこと，また，事例研究することが実習の目的となってしまっており，日常の実習と結びつかなくなっていたことに気づいた。教員はさらに「なぜ，事例研究の対象にその子どもを選んだのか」を問い，学生が集団のなかでその子が自己主張が強く，皆と一緒に行動できないことが気になっていたこと，また，その子が一緒に行動できないことで実習生である自分も戸惑うことが多く，自分が困っていたことを思い出した。そこで，事例研究の目的は「自分がその子をどう理解したらいいか」を日々の生活のなかで観察し考えるために行うことであることを確認した。

(2) グループ・スーパービジョン　グループ・スーパービジョンは，同年度に実習を履修する学生たちがグループを形成し，スーパービジョンを受ける方法である。ここでは，スーパーバイザーと学生との関係だけではなく，実習という共通体験をもつ学生同士が，グループのなかで一人ひとりの実習体験を語り，聞くプロセスに意味がある。

その意味を理解するために，あるグループ・スーパービジョンの事例を紹介しよう。社会福祉実習の大変さは，ほかの実習，たとえば教育実習や看護実習のように自分も学校や病院を利用したことがあり，現場や職種のイメージを描きやすい実習とは異なる点にある。また，教育実習や看護実習では教員や看護婦がどのような仕事をするのかある程度予想できるのに対し，社会福祉実習は職員の仕事が予想できず，自分が何をすることになるのかわからないところからスタートすることになる。実習開始時の緊張ははかりしれない。配属実習終了後，学生はその緊張感からの解放をしばしば「慣れ」と表現する。「私の場合は，実習3日目位で慣れた」「自分は慣れるの

に1週間以上かかった」と言う。では,「慣れ」とはどういうことか,具体的にお互いの場合を語り合ってみると,1日の流れがわかってきたことであり,職員の動きがわかり,それについていけるようになったことであり,また自分の居場所がみつかったことなど,実習先の一員として成長・変化していった自分に気づく。そして,緊張感が実習生に共通の体験であることや,それからの解放に個人差があることを理解していく。その過程で学生同士の相互理解が深まり,相互のサポートによってスーパービジョンを深めていくことの心地よさを体得していく。それは,時にスーパーバイザーよりも効果的な支持的機能を発揮する作用をもたらしてくれる。

　グループ・スーパービジョンは,多くの教育機関で取り入れている方法である。この際に教員は,学生同士の自発性と,率直な表現を保障し,学生の発言内容に対して審判的態度をとらないよう留意しなければならない。

　また,グループ・スーパービジョンと同じような効果をもつものに,学生同士で行うピア・スーパービジョンという方法がある。進め方はグループ・スーパービジョンと同じだが,スーパーバイザーは同席せず,同じ実習体験をもつ学生同士は「ピア」(仲間)として体験交流や支え合いを行う方法である。学生の主体性やメンバーシップが発揮されれば,これも有効なスーパービジョンの形態になるだろう。その際教員は,学生たちがピア・スーパービジョンを行う場合においても守秘義務(ここで知りえた情報は相手の不利益にならないように取り扱わなければならないこと)があることを確認する必要がある。

2 事後学習の実際

2-1 事後学習開始の前提

　ここでは，実習事後学習の実際について，少人数グループによって進めた事例によって紹介しよう。

　事後学習を始めるにあたって，はじめに教員は次のことを確認する。「この場では，配属実習での体験内容とそこで感じたこと，気づいたこと，考えたことを語り合うことが目的である」。

　実習体験はきわめて個人的体験であり，グループ内でもはじめはそれはクローズされている。それをグループ内でオープンに語ることで，各自が実習体験を再現し，そこから体験の意味づけを行うことが可能になるのである。

　最初のうちは，学生たちに対し，教員はまず語りはじめることが大切だと伝える。そして「話の最後がピリオドで終わらなくてもいい」と言い，発言を促す。また，語ろうとするとき言語化できることとともにうまく言語化できないこと，あるいは言語化したくないことがあることに気づくように指導し，「今急いで言語化しなくてもいい。今は，それらを意識化し自分のなかで熟成させることを大切にしよう」とよびかけ，また，「実習中に体験したことにはすべてに意味がある。できたこと，わかったことだけではなく，できなかったこと，わからなかったことにも意味がある」ということを確認する。

　さらに，学生が他者の体験を聞くことも重要であると説明する。聞くことによって，ほかの学生も同じような体験と感じ方をしていることに気づき，自分の体験の意味を余裕をもって考えることができる。あるいは，同じ体験でも，そこで気づいたり感じたりしたこ

とは学生によって異なることが確認できる。また，他者の体験からその時自分がしようとしなかったこと，思いもつかなかったことに気づくことができるからである。そのことを確認してからグループ・スーパービジョンを始める。

　事後学習の開始の時点では，教員の学生に対する問いかけに配慮が必要である。グループ内では，メンバー同士ができるだけ率直に発言できるように，教員のはじめの問いかけはオープン・クエスチョン（開かれた質問）で，自由に学生が語ることを保障することがポイントになる。「実習で学んできたことは何か」とか，「どんなことがわかったか」など，限定した質問は避けたほうがよい。とくに「テーマに沿って」，あるいは「まとめて」などという注文は，学生が自由に語ることの妨げになりかねない。また，教員の姿勢は傾聴に徹することが重要である。とりわけ教員が，性急に結論を求めたり，知識のチェックになるような聞き方にならないように留意したい。

2-2　事後学習（グループ・スーパービジョン）の実際

　このような前提を確認して，一人ひとりが実習体験について語ることから事後学習は始まる。はじめの問いかけは「あなたが配属実習を終えた今，話したいことを自由に話して下さい」などから始めることが適当であろう。以下に筆者が行った配属実習後のグループ・スーパービジョンの例をいくつか示そう。

事例 1

「ウンコは臭かったか？」

　Aさんは特別養護老人ホームで配属実習を行った。実習が終わった後のスーパービジョンで「本当に実習が楽しかった。一生懸命行ったので利用者の方々とも仲良くなれたし，何でもチャレンジして積極的に行

えたので，充実した実習だったと思う」と述べた。

この時，これから特別養護老人ホームに実習にいく学生から，排泄介助の体験をしたかと問われて，Aさんが「行ってきた」と答えると，さらに「その時ウンコ，臭くなかった？」と聞いた。Aさんは「臭くなかったよ，平気だった」と答えたところ，別の学生に「嘘だぁ！ ウンコは臭いはずだ」と突っ込まれた。教員も「思い出してみてごらん，本当に臭くなかったのかな？」と問うと，Aさんは下を向いて考えはじめた。

しばらくじっと考えたAさんは，「本当はすごく臭かった。大人の排泄物を，見たことも直接さわったこともなかった私が，実習2日目で『排泄介助をやって』と言われた時，じつは『えっ，約束が違うよ』と思った」と述べた。大学側としては，大学で介護技術は学んでいないし，この実習は介護実習ではないので，介護体験は補助的なものに限定してほしいこと，排泄介助などは本人がやれるかどうか職員が判断し，そのうえで具体的な方法を教えてくれるようにと依頼していた。このことは，学生にも伝えてあった。しかし，この実習先では介護職員にそれが伝わっておらず，前記の依頼になったようだ。

Aさんは続けて「でも『できません』と言えなかった。必死の思いで何とかやりこなしたが，その後，汚物を思い出して吐きそうになって『もう耐えられない，明日は来られないだろう』と思った。でもやめる勇気がなくて実習を続けた」と述べた。さらに「1週間位たって排泄を自力ですることがすごく大事だとわかってきた。自力排泄ができない方は『摘便』しなければならず，すごく痛そうで，排泄介助の時に排便していると，自力でできてよかったと思えるようになった。多分，そのころは利用者の方の顔も覚えて，そのように思えるようになったし，臭くてもがまんできるようになったのだと思う」と言った。

Aさんは，はじめに実習体験でよかったこと，楽しかったことを述べたが，じつはこのような嫌な思い，やめようと思ったが言えなかった辛い体験があった。さらに，排泄介助で吐きそうになった自分を否定的

にとらえていたことを『思い出す』ことができた。これは本人にとって思い出したくない体験として封印されていたのだが、ほかの学生からの質問に答えることによって、表現することができたのである。

　Aさんの話を聞いていたほかの学生に感想を求めると、「ウンコ、臭くなかった？」と聞いた学生が「あーよかった。やっぱり臭かったんだ。自分はこれから実習だけど、排泄介助するのは嫌だなと思っていたので、自分だけではないことがわかってホッとした。Aさんが臭いし、吐き気がしたと言ってくれたので、自分も同じように思うかもしれないけれど、自分だけじゃないと思ったら気が楽になった」と述べた。ほかの学生は「よくがまんできたと思う。私が2日目にやれと言われても、やれなかったと思う。とにかくやったということがすごいし、その後もやめないでやり通したということがすごい」と述べた。また別の学生は「Aさんが自分の正直な気持ちをきちんと言えたことがとてもよかったと思う。なかなかそういう気持ちは言えないし、言ってはいけないと思っていたけれど、正直にそれが言えたAさんに感動した」と述べた。

　ある学生は「Aさんも大変だっただろうけど、介助された利用者の方はどんな気持ちだったんだろうか？」と問いかけ、Aさんがまたその場面を思い出して「まごまごしている私を受け入れてくれて、上手にできなくても文句も言わなかった。利用者の方たちに受け入れられていたんだなと気づいた。だからがまんできたのかもしれない」と述べた。問いかけた学生は「利用者の方も、Aさんが慣れないなかで一生懸命がんばっていたことがよくわかったのじゃないかな、だから、うまくできなくても受け入れてくれたのじゃないかな」と述べると、さらにAさんは「皆さんに孫みたいだと言われて、可愛がってもらった。なれない場でオロオロしていた私に声をかけてくれて、『あんたの笑顔がいい』と誉めてくれて、それで続けられたんだと思う」と発言した。

　最後に教員は、Aさんに今日話してみてどのように感じたか問いかけた。Aさんは「私は排泄介助が嫌だった。けれど、そんなことを言ってはいけないと思っていた。だから、臭くなかったかと聞かれた時、

とっさに臭くないと言ってしまったし，それをウソだといわれた時はショックだった。でも，皆にいろいろ指摘されたり，気持ちを聞いてもらったりして，たくさんのことに気づけた。なかでも，私は実習が楽しかったのは，自分が一生懸命実習をやったからだと思っていたが，それは利用者の皆さんに支えられ励まされていたからだということに気づけて，とてもよかった。利用者の皆さんに感謝したい」と述べた。

教員は，「私たちはAさんの体験から利用者の方々のもっている『能力』について，学ぶことができた。寝たきりで他者の介助を受けなければならない方たちの場合，その能力低下や生活困難が問題として語られることが多いが，その方たちが，じつは『介助を受け入れる能力』『職員を励まし，待つ能力』のある方たちでもあることがわかってよかったね。援助とは，人に何かをしてあげることではなく，相手に受け入れられてはじめてできることだということを，Aさんの経験から学ぶことができたのではないでしょうか」と述べた。また，Aさんに対して「ウンコはやっぱり臭いよね。それは相手が生きている証拠でもある！もし臭くなかったらAさんの鼻が悪いことになる。Aさん，ちゃんと臭いと言えて，皆に聞いてもらえてよかったね」というと，Aさんは深くうなずいた。

[スーパービジョンにおけるポイント] ①「実習体験への接近」と「反転図形の気づき」

グループ・スーパービジョンの場では，学生はたんに実習中の行為を語るだけではなく，その時の自分の感情の揺れや自分自身の価値観を引き出し，確認していく。これを「実習経験への接近」という（潮谷［2000］）。また，その実習経験がその時に理解しただけではない，もっと多くの意味があるのだということに気づいていく。それは，たとえば「反転図形」（杯と2つの顔のように，自分自身が見ていた図と別の図が同時に描かれている1枚の図。本シリーズ12巻 p.25

参照)に気づくような理解である。これを「反転図形の気づき」という(潮谷[2000])。

前記の事例でAさんが排泄介助の体験を語ったことは，この「実習体験への接近」であり，実習が楽しく，充実していたのは，Aさん自身の一生懸命さとともに，それを認め支えてくれていた利用者の方たちの存在があったからだという「反転図形の気づき」が認められる。この後の学生たちの発言でも，この「実習体験への接近」と「反転図形の気づき」が繰り返されていく。

事例 2

「私は何もしてこなかった」――実習体験への接近に対する抵抗

福祉事務所に行ったBさんは，介助等さまざまな生活援助の体験をしてきたほかの学生の話を聞きながら，自分の体験については「皆さんに比べて私は楽な実習をしてきたので，何も話すことはない」と語った。Bさんの実習は，福祉事務所内でケースワーカーの話を聞いたり，簡単な事務仕事を手伝ったり，その合間に施設やケース宅への訪問をしたりするだけで，利用者と直接関わることも少なく，入浴介助や排泄介助という大変な体験は1つもなかったという。さらに「実習時間も短く，ケース訪問が早めに終わると『今日はもう帰っていいよ』といわれた」と，大変なことは何もなかったことを強調した。

教員は，「介助や子どもの世話など，直接利用者に対して働きかけることがなければ，利用者と関わったといえないのか。何をしてくることが実習なのか」と，問いかけた。それに対して，施設実習で掃除や食事の準備に追われながら「それでも自分は一生懸命実習をやった」と述べていた学生が，「一生懸命やったけど，余裕がない実習でもあった。やることで目一杯だった自分を振り返ると，その時，何を感じていたか，気づいたかと問われる今，すごく苦しい。一生懸命やっただけではダメなんだということを，今すごく感じている。直接利用者の世話をすることだけではダメで，この実習は『考える実習』だとわかった」と発言し

た。その発言を受けてほかの学生も「実習って、何かすることではなく、そこで考えさせられたり、気づいたりすることが実習なんじゃないかな」と述べた。

それを受けて教員は、Bさんに「何もしてこなかったわけではないと思う。何をしてきたかを思い出して語ってほしい」と求めた。そこでBさんは、「ケース記録を読んだ体験」を語りはじめた。ケース記録を読んだのは、訪問にいくケース記録を前もって読んでおくようにといわれたからである。それまで、Bさんはケース記録の存在は知っていたが、自分から積極的に読もうとは思わなかった。ケース記録を読むと情報がたくさん入り、そのケースについて先入観をもってしまうと思い、読まないほうが先入観がなく、客観的に相手を理解できるのではないかと考え、読むことを自制していたのである。

しかし、スーパーバイザーに言われてケース記録を読んだBさんは「ブルーな気持ち」になったという。Bさんは次のように語った。「今回記録を読むことで、もちろん驚きや同情があったが、それに加えて彼らの秘密を知ってしまった、見てはいけないものを見てしまったというような罪悪感をとても重く感じてしまった。ケースは精神分裂病で生活保護を受けている方だったが、生活歴や病歴、家族関係から経済的な状況まで詳しく記載されており、そんなことまで私は知ってしまっていいのだろうか、というおそれに似た気持ちだった」。

このグループでは、実習中にケース記録（利用者の個人情報の記録）を読んできた者と、読まなかった、あるいは読ませてもらえなかった者とが半々だった。ケース記録を読んできた学生の多くが、Bさんがケース記録を読んだ時と同じような感じをもっていた。ある学生は、利用者のこれまでの生活歴が「自分だったら生きていけないような悲惨な体験」だったことを知り、ある学生は、目の前にいる人がわが子を虐待する親と同一人物だということが信じられないと思い、ある学生は「ケース記録に書かれていることはまるでテレビドラマのような内容だった。とても現実のこととは思えない」と述べた。しかし、誰もケースの内容

を具体的に語ることはなかった。

　ケース記録を読んでこなかった学生は，Bさんが自制したのと同じように，記録によって先入観にとらわれることをおそれ，なかには実習先で読んでもいいといわれたが読まなかった学生もいた。その学生は「記録を読まなかったことで，実習を続けるうえで何か不都合なことがあっただろうか？」とほかの学生に問いかけ，学生間で意見交換がなされた。読ませてもらえなかった学生は「記録からではなく，今現在の利用者本人を観る必要がある，と職員から言われた」と述べた。また，記録そのものは読まなかったが，学生が具体的な質問をすると，それに答えるかたちで職員が個人情報を教えてくれたので，「別にケース記録を読むというかたちにはこだわらなかった」という学生もいた。

　先入観にとらわれたくないという「読まない派」の意見に対して，ほかの学生から「記録を読む以前にも先入観はあり，そこから彼らを観ようとしていたわけだから，先入観をもたないためにというのは違うのではないか」という反論が出た。

　議論の推移を見守っていた教員は，「ケース記録を読むか，読まないかという『かたち』ではなく，社会福祉の援助が深く個人のプライバシーに立ち入ることなしにはできない援助であること。問題は，その情報を知った援助者がそれをどのように理解し，援助に生かしていくかが問われている」と述べ，さらに「今現在の利用者本人を観ることで理解することは，『1つの理解』ができるということである。しかし，ケース記録を読むことによって情報が増すということは『たくさんの理解』をもつことになる。1つの理解を『1つの先入観』とするなら，職員は彼らの情報をたくさん知っておく必要があり，それが先入観になるならば『たくさんの先入観』を『多面的な理解』という視点から活用していくことが重要なのだ」と指摘した。

　この間，黙って話を聞いていたBさんは，「私は福祉事務所に行って，はじめからすごいショックを受けた。生活保護課では，今日食べるものがないという人にはじめて会った。お金がないことを人前で平気で話し，

職員もその話をさらに具体的に聞いていた。私は，お金の話を人前でするのは恥ずかしいことだといわれて育ってきた。それが，目の前で否定されたような気持ちで，ショックだった。その後も，私には受け入れがたい現実が，次々に目の前で展開していった。家庭訪問では，これが人間の住む場所かと思うような部屋で，ほとんど白湯に近いお茶を出されても，飲むことができなかった。一緒に行った実習生は平気そうにそれを飲んでいたが，自分にはとうていできることではなかった。精神分裂病の方の話は，どこまでが本当で，どこからが妄想かわからないまま，さも信じているように頷いて聞いていた。これも，親には嘘をつくなと言われて育った私には，苦痛な時間だった。そんな体験ばかりが続き，実習をする前の自分が，福祉の仕事をどこかで軽んじていたのではないか，現実はそんなに甘いものではないと思うようになっていた。でも，自分にはそれを受け入れられそうもないと強く感じて，実習を終えてきた」と述べた。

　学生たちは，Bさんの話を食い入るように聞いていた。教員は「ケース記録を読むべきか否か」についてふれず，「Bさんの実習は，一つひとつが大変な体験だったね。これ以上欲張って体験しようとしたら，精神的にパンクしてしまうほど密度が濃い実習内容だったんじゃないかな。皆も今日Bさんの体験を聞けてよかったね」と軽くまとめ，この日のスーパービジョンを終えた。

［スーパービジョンにおけるポイント］②「語ること」への抵抗とそれへの対応

　実習体験を語らせようとするとき，それに対する抵抗を示す学生がいる。この事例のBさんのように「何もしてこなかった」と，語ることを拒否する学生もその1人である。このような態度をとる彼らの内面には，次のような葛藤が隠されている場合がある。

　学生たちは，ケースワークの原則について事前に講義で学んでいる。そこでは「受容」や「共感」，「非審判的態度」などが説かれ，

それぞれがなぜ必要かが解説されている。学生はそのことを理解し，そのように対応しようと思い実習に出向く。しかし，理解していることと実際にそのように対応できることとの間にはギャップがあるのは当然である。しかもケースワークの原則等で述べられることは，しばしばこれまで育ってきた社会の価値観と合致しないことがある。たとえば，わが子を虐待する母親を受容したり共感したりするよりも，批判的にみることが学生たちのこれまでの価値観であった。またBさんのようにお金の話を人前でするのははしたないことという価値観も，一般的であろう。さらに，他者のプライバシーに簡単に踏み込んではならないと学び，他者との関係も一定の距離を保って結ぶように躾けられている。そんな彼らが，社会福祉実践の場に身をおき，これまでの成育歴のなかで培ってきた価値観と，社会福祉実践における価値観との葛藤が生じて整理できなくなったとき，彼らはその体験を自分の内に秘めたままにしておこうとする。

　この事例の場合，体験を語ることへの抵抗だけではなく，ケース記録を読まないという体験自体の拒否をしてきたことが，授業の展開によって明らかになった。この拒否も，その根源に体験を語ることに対する抵抗と同じものを感じる。彼らは，プライバシーがすべてオープンになるケース記録を目の前にして，自分がそれを読むことを逡巡した。同時にケース記録の存在を突きつけられて，社会福祉の援助が個人のプライバシーに深く立ち入ってなされている現実を認識した。これは，これまで培ってきた価値観が揺さぶられる体験だといっても，大げさではない。

　それに対してこの事例では，教員はケース記録への実習生の関わりについて結論を出さず，学生の議論の展開を見守っている。この時期は，グループが形成されてからまだ間がない。教員はその時点では，学生たちがケース記録を読んで価値観が動揺したという体験

をお互い認め合い、そのことに直面することの必要性を感じるというところまでで十分であるとした。自分自身の体験から、どうあるべきかを検討する時間を保障することが必要だと判断したからである。もしその時点で話合いを続ければ、学生個々人が体験を熟成することなく、教科書的なあるべき対応（ケース記録は読む必要がある）に落ちついてしまうだろう。

そのような教員の見守りの姿勢と、学生たちの記録をめぐる話し合いが、結果的にBさんの抵抗を解いたのではないだろうか。体験を語ることに抵抗する学生に対しては、それ自体を自分の課題として認識し、みずからが語りはじめることができるように働きかけながら、本人の態度変容に至るまでの経過を見守る必要がある。なぜなら、それはけっして強制的になされるものではないからである。

事例 3

「作業」の意味にこだわる

配属実習を終えたばかりのCさんが、開口一番「先生、自分の行った実習先では来年実習生を受け入れてくれませんよ」と爆弾発言をした。皆、何事が起こったのかと固唾をのんだ。じつは、これはCさんが、以下のような経過から発した言葉だったのだ。

知的障害者の通所施設で実習したCさんは「実習で利用者と一緒に行う作業が納得できなくて、毎日毎日職員と議論になって、最後までそれが続いた。自分の考えを変える気持ちはないが、自分の態度も随分反抗的だったから、職員もあきれていただろう。だから来年の実習を依頼しても断られるだろう」と言う。

どういうことが納得できなくて、どんな態度をとったのか詳しく聞いてみると「僕は今回の実習中、知的障害をもつ利用者が毎日単調な作業を繰り返していて、楽しいのだろうかと思った。自分には彼らが『やらされている』ようにしかみえなかった。それに、作業賃が驚くほど安く、毎日真面目にやっても月に2万円にしかならない。1日ではたったの

1000円だ」と述べた。作業の内容を具体的に聞くと，紙袋の手つけや雑誌の付録のセット，弁当などによくついてくるプラスチックの小型醤油容器の分離などだった。それらは，われわれの生活のなかで身近なものであり，それがそのような施設利用者の作業によって造られていた事実に，ほかのメンバーは関心をもった。そのような作業に対して，Cさんは「僕は実習中に利用者と一緒に作業をしながら，難易度を上げなくても儲けることのできる仕事のことばかり考えていた。早くそれを考えだし，利用者の働く環境を改善し，利用者にもっと楽をしてもらいたいと思っていた。しかし，職員にそれを訴えても『そうだね』と言ってもらえず，逆に『いったいどんな仕事があるんだ』とか，『利用者はそれを望んでいるのか』とか反論ばかりされて，全然納得がいかなかった」と言う。

学生の1人が「利用者はそのことをどう思っていたのか？」と質問すると，「利用者も自分と同じように思っているだろうと思ったから『こんな作業で不満はないの？』と聞いたら，笑って答えてくれなかった」と言う。それが，さらにCさんの不満を募らせたらしい。Cさんは「利用者が現状に満足しているから答えてくれなかったのではなく，それ以外の生活を知らないのではないか，あるいは自分の要望を示すという体験がないから笑ってごまかしたのではないか」とその返事を理解した。そこで利用者がもっとどうしたいか言えるような環境や雰囲気をつくる必要性を職員に訴えたが，逆に職員からは不況下で作業の受注も少なくなり，現状維持だけでも大変だという話をされて，話がかみ合わない思いを強くした。

このやりとりを聞いていた学生の1人が「でも，よく毎日そんなに職員と話ができたね」と言った。ほかの学生も頷いている。Cさんの実習先では，毎日実習時間の最後に1時間ほど振り返りの時間をもってくれ，そこでスーパーバイザーとその日勤務していた職員と実習生がいろいろな話をするのだという。「お茶とお菓子も用意してくれて，自分は納得がいかないことが多かったので，バリバリお菓子を食べて反抗的な態度

だった」とCさんは述べた。冒頭の「来年は実習生を受け入れてくれませんよ」や「納得できなくて毎日毎日職員と議論になった」という発言から，職員との関係は気まずいものだったろうと思い込んでいた学生たちは，「なんだ，関係悪くないじゃない。むしろお菓子まで用意してもらって，手厚く面倒みてもらってるじゃない」となかば拍子抜けし，なかばうらやましそうな意見が出た。

　Cさんは皆の反応から少し感じたことがあったようだが，「でも，素人の学生に『楽して儲かるなんていったいどんな仕事があるんだ』と聞くのは卑怯だと思いません？　職員にわからないことは自分にだってわからないよ，悔しかったなぁ」とつぶやき，突然「そうだ，映画のエキストラなんかどうだろうか。あれだったらただ歩くだけでいいし，1回3000円位もらえるし，いろんな人に出会えるから楽しいし……なんで実習中に気がつかなかったのかなぁ」と，実習先の作業のあり方について最後まで納得できない様子だった。最後に教員は，Cさんの発言のなかで利用者に作業の満足度を聞いた時の反応の理解が多面的な理解になっていないことを指摘した。Cさんの感じた作業への疑問や不満と，利用者のそれとは必ずしも一致していないのではないか。それに対してCさんは「なぜ利用者は不満に思わないのか」と，そのこと自体への不満を感じているが，利用者が本当はどう思っているのか，その背景として利用者の生活や人間関係のもち方をどうCさんは理解しているのか，もう少し丁寧に思い出し，理解しようとしてみたらいいのではないかと助言した。また，来年度の受入れについてCさんは心配しているが，その交渉は教員の仕事なので，心配しなくていいことを伝えた。

　教員はCさんの実習先スーパーバイザーにその回のスーパービジョンの内容を伝え，施設側のCさんに対する理解と評価を尋ねている。実習先でのCさんの様子は，本人が述べたとおりの状況だった。またCさんについては，実習先のスーパーバイザーの立場として「もっと利用者全体の能力や生活理解から作業について理解していってほしかった。また，不況のなかで作業の受注が現状維持でも大変な状況と，職員の努

力を理解してほしかった」という思いがあった。本人にはかなりそのことを求めたが，実習中にはなかなか理解してもらえなかったようだ，と述べた。ただ，安易に納得しないところが本人のもち味であり，こだわり続けることは大事だという理解をしていた。もちろん，それで来年の実習を受けないということはないとスーパーバイザーは言う。教員は，事後学習のなかでCさんの気づきや理解の深まりを待ちたいと述べ，それを確認して情報交換を終わった。

［スーパービジョンにおけるポイント］③多面的な理解への抵抗と「待つ」ことの必要性

　この事例のように，学生の述べる実習体験の内容が実習の実態やスーパーバイザーの評価と食い違っている場合はままある。多くの場合，学生の実習体験の評価が一面的で，一方的な場合にそのような状況が生まれる。そして，それをなかなか本人は認めようとせず，自分の主張に固執する。「実習体験の多面的な理解」への抵抗を示すのである。その場合に，教員はそれを指摘するのではなく，学生の言い分に十分耳を傾け，学生自身が矛盾や疑問に気づけるように援助しなければならない。この事例でも，明らかにCさんの理解の仕方や行動に偏りがあったが，それを教員が指摘しただけでは彼は納得しないだろう。彼自身が，自分でその体験を咀嚼していくなかで気づくプロセスを見守ること，つまり「待つ」ことがこの時点の教員の役割である。

　そして，この待つ時間には個人差がある。Cさんの場合，次のような気づきに至ったのは，実習総括レポートを作成した時であった。Cさんの気づきとは「……私はいつしか作業にばかりこだわるようになり，ほかのことに注意が向かなくなっていた。結局今回の実習は，前向きに意欲的に取り組めず，目的も達成できずに終わってし

まった。そして，大学に戻りグループ・スーパービジョンを受け，もう一度私の実習体験について考えることができた。実習中の私は，難易度を上げなくても儲けられる仕事を考えだし，環境を改善して，利用者にもっと楽をしてもらいたいと思っていた。しかし，グループ・スーパービジョンのなかで私は，利用者の自己実現にそれがどのような効果があるのかということを考えずに，新しい作業にばかりこだわっていたことに気づいた。『私のやりたいことやできること』ではなく，『利用者のやりたいことやできること』を考えなければならなかったのだ。ここに通っている利用者の気持ちを多面的にとらえること，たとえば本当に作業が嫌だったら通ってこないだろうとか，辛く儲からない仕事であっても彼らは通ってきて，黙々と作業に取り組んでいる，その気持ちをもう少し理解しようという姿勢が必要だったのだということに気づいた。しかし，私は多くの施設で行われている現在の『作業の提供』がこのままでいいとは思わない。現実的には無理なことかもしれないが，作業が利用者の自己実現にどのような効果があるのかを考えながら，環境の改善に取り組んでいこうと思う」。

しかし，実習先のスーパーバイザーがCさんに期待した，利用者全体の能力や生活理解から作業について理解することや，作業についての職員の努力の理解については，その必要性を事後学習によって確認するところで終わった。そして，スーパーバイザーがもち味として認めてくれた安易に納得しないところについて，現在障害者の作業所に就職して3年目を迎えるCさんは，「現在も苦手な作業に取り組みながらこの課題を考えている」最中だという。

事例 4

ノートが書けなくなった！ ——自分自身の成長に関心を向ける

実習体験を思い出そうとするとき，学生たちは，自分の実習ノートを

繰り返し読み返す。実習ノートには，具体的な実習体験とともに，その時自分がその体験をどう理解し，何を感じていたのかが書かれている。それを現在の自分の認識・感情と比較することによって，多面的な理解ができるようになるのである。実習ノートは，事後学習のための貴重な資料になる。実際この時期に学生たちは，表紙がすり切れるほど実習ノートを読み込んでいる。

そのようななかで，ある日，Dさんは実習ノートが書けなかったことを話しはじめた。実際，彼の実習ノートは，ある期間空白のままであった。「私は，実習中の利用者ミーティングに参加して話を聞くうちに，自分自身の抱えている家族問題の不安やコンプレックスが顕在化してきていた。また，その時私は，メンバーにお金を貸したり，自宅の電話番号を教えてしまったりして，メンバーとの距離がとれず『巻き込まれ・巻き込む』状態になってしまった。このような状況では，それを正直に書くことができず，それにふれずに冷静に1日を振り返ったり，そこでの自分の感情を吟味することはできなかった。そして何とか書こうとしても，書けないまま時間だけが過ぎていき，もう書くことをあきらめてしまった」。

この発言を受けて教員は，皆に「実習記録をどのような時間帯に，どれくらいの時間を使って書いたか。その時の気持ちは」と問いかけた。学生たちは，自分の場合を振り返り，記録を書くことの苦痛を次々に述べていった。実習時間内に実習ノートを書くことは少なく，1日の実習が終わった後に自宅や宿泊所で書く場合が多い。最初のころは，1日の記録を書くのに2時間も3時間もかかっている学生がいた。ある学生は「書き方がわからなかった。何を求められているのかわからず，事前学習で『絵日記にならないように』としか言われなかったので，これでいいのか悩みながら書いた」という。別の学生は「その日の体験すべてを書くことはできないので，何を書こうかと悩みはじめると次々にその日の出来事が浮かんできて，混乱してしまって何を書いたらいいかわからなくなった日もあった」という。なかには「ページを埋めなければ，熱

心な実習生ではないと思われるのではないかと,字数を増やすことにエネルギーを使ってしまった」という正直な発言もあった。多くの学生が,実習記録を毎日書くことが大きな負担になっていたことがわかったが,それでも配属実習が終わった今,その記録が学生たちには大切な財産になっていることも共通していた。

ある学生が「自分も毎日書けなくて,何日か記録を溜めてしまった」と発言した。彼はその経験を「小学生の絵日記のように,溜めたら絶対苦痛になる。まとめては書けるものではなかった」と述べた。教員は,「実習記録は,その時に,その場で感じたことを記録することが大切。時間が経つとそれは『その日の記録』ではなくなるから,余計書けなくなるよね」と指摘した。

そして再び「なぜそんなに苦痛だったのか」について教員は問いかけ,それに対しある学生が「自分の場合,『客観的に書くこと』が難しく,どうしても『主観』が入ってしまうので,何回も書き直さなければならなかった」と述べた。そして,それがまた学生間で論議になった。ある学生は「実習体験について自分が感じたことや,気づいたことが大切だと先生が言っていた。感じたことや,気づいたことって,主観なんじゃないの？ だけど,それを書かないとただの事柄の列記でしかなくなる」と反論した。この発言の「先生が言っていた」という言葉から,学生たちは教員に意見を求めてきた。教員は「『客観的に書くこと』という表現を『事実を書くこと』と言い換えれば整理がつくのじゃないかな。事実とそれについての自分の理解や気持ち,それは主観だけれども,区別して書くことが大切なのではないかな」と助言した。

その上で教員は三たび「なぜそんなに苦痛だったのか」問いかけた。ある学生は,意を決するように「読む人の眼が気になって,正直に書けない」と発言した。ほかの学生たちも「積極的・意欲的な実習生として認められたかった」し,「そんなことも知らないのか」と言われないように,注意深く記録を作成しなければならなかったこと,また,スーパーバイザーだけではなくほかの多くの職員が実習ノートを読むので,職

員の方々に誤解されたり気を悪くされたりしないように気をつかっていたと発言した。そして，そのことを白状しあった学生たちは，皆が同じ気持ちだったことを知って，爆笑した。

教員はDさんに「あなたの実習先のスーパーバイザーや職員，メンバーの方々は，実習ノートが書けなくなったことに対し，どういう反応だったか」ときいた。Dさんは，その当時を思い出しながら「自分はすごく混乱していたと思う。そのような状況を実習先のスーパーバイザーをはじめスタッフの方々があたたかく見守ってくださり，書けない状況をそのまま受け入れてくれた。スーパーバイザーは書けないことを責めなかったし，書けるようになるまで待ってくれた。メンバーも，辛そうな私をみて自分の辛かった体験を話してくれたりして，慰めてくれているんだということが痛いほどわかった。みんなにたくさんの励ましをもらい力づけられた」と述べた。

教員は「誰のために何のために記録はあるのか，ということを今回の体験から考えてみよう。皆さんにとって今回の記録は，自分の実習を振り返るために役に立っているよね。自分の実習を振り返るためには，できるだけ率直に正直に書くことが必要だと思う。でも，皆なかなか思っていることを率直に書くことは難しかったね。もしDさんにアドバイスできるとしたら，書けないときは『書けない』と記録することだけでも，立派な記録になるし，スーパーバイザーにもあなたの状況が伝わるのではないか」と助言した。

[スーパービジョンにおけるポイント] ④学生が自分自身に関心を向けるための示唆

事後学習が進んでくると，しだいに学生たちの関心は「実習中の出来事」や「相手の状況」から自分自身についてへと，対象が変化してくる。教員は，そのような学生をサポートしつつ，それを促す。この事例では，教員は「実習ノートを書くことの難しさ」について，しつこいくらいにこだわり問い続けることで，自分自身へ関心を向

けることを促した。

　実習記録の書き方の指導は事前学習でも行うが，学生にとって実際に実習中の「記録の作成」自体が実習体験であり，この体験から記録の意味や書き方について学ぶ。学生たちは「誰のために，何のために」記録はあるのかを学び，率直に記録することを心がけようとするが，いざ実習で「誰によって，どのように」活用されるのかという場面に直面すると，途端に相手の視線が気になり，その相手におもねた記録になってしまう。この事例でも少なくない学生が，実習先のスーパーバイザーや職員が記録を読んで自分を評価するのではないかと考えると，自分の実習体験を振り返る率直さよりも，実習先の「良い評価」を得るための記録を書こうとしていたことに気づいていった。

　しかし，それを率直に認めることへの抵抗を，彼らは示した。学生たちはこのような書き方になった記録についてある種の「後ろめたさ」を感じていたからである。なぜならば，「良い評価」を得るために「書かなかったこと」（書かないほうがよいと判断したこと）「書けなかったこと」（書くべきだと思っても書けなかったこと）の多くが，実習先や職員に対する批判的な思いであったり，利用者に対する否定的な感情だったりするからである。そして，それを述べ合うことで，相手に対しても自分に対しても否定的な感情を抱いている自分に気づいていくのである。

事例 5

「あなた方は実習先で人権侵害をしてきませんでしたか」──非難や中傷ではない「批判」とは

　スーパービジョンの授業もなかばを過ぎたころ，教員は学生たちに「あなた方は実習先で人権侵害をしてきませんでしたか」という問いかけを行った。学生たちはお互いに顔を見合わせあっていたが，ある学生

が「人権侵害などなかった」と答え，ほかの学生も皆頷いていた。学生の1人は，自分の行った実習先では職員が利用者のために熱心に仕事をしていたと語り，ほかの学生は，実習先で利用者主体の援助をしっかり学んだことを強調して「人権侵害などはなかった」ことを断言した。なかには「先生は人権侵害をしているようなところを実習先に選んでいるんですか？」と，このような質問をする教員に対し不満そうな学生もいた。

 教員は学生の反撃に「そうだね，刺激的な聞き方だったね」と言い，次のように問い直した。「でも『自分がされたら嫌だと思うこと』を自分がしたり，ほかの職員が行っているのを見たことはなかったか？」と言い換えて質問した。学生たちは，今度は相互に顔を見合わせあったり，上を向いたりしながら考えこんでいた。やがて，ある学生が「自分の行った障害者の施設では，トイレの戸がなくてカーテン1枚で仕切っているだけだった。僕は利用者がきちんと排泄できたかどうか見ているように言われたが，それってもし自分だったら嫌かもしれない」と言った。

 それをきっかけに，学生たちは自分の体験してきたなかから「自分だったら嫌だ」と思うことを次々に語り始めた。「排泄介助をベッドの上でするんだけれど，カーテン1枚というのはやっぱり抵抗がある」という特別養護老人ホームで実習した学生。「お風呂に入る方の服を脱がせてくださいと言われたんですが，相手が男性の方で，女性の私がその方の裸をみることに抵抗があったんですが，今考えると相手の方にとってもどうだったかなと思います」という同じく特別養護老人ホームで実習した学生。児童自立支援施設で実習した学生は「いつまでここにいなければならないか，自分は家に帰れるのか，それがわからないことが不安だと子どもが打ち明けてくれたけれども，自分もそれは不安だろうなと思った」と述べた。同じような思いは，多少の違いがあっても誰もが感じてきていることであり，それを「自分がされたら嫌だと思うこと」としてとらえなおしたとき，学生たちは授業で学んだ「人権侵害をしない」という意味の深さと重さを実感をもって理解することになる。

さらに，それがたんに職員の意識の問題だけではなく，利用者と職員のおかれている組織や制度のなかで理解されなければならないことにも気づいていく。それまで黙ってやりとりを聞いていた学生が，老人保健施設を見学した体験を次のように語った。「私が見学した老人保健施設では，あるフロアーが痴呆老人だけのフロアーになっていて，鍵がかかっている。私たちが出入りする時，そのフロアーの利用者が寄ってきて『出してくれ，帰りたい』と言うので，それが辛かった。私が痴呆になったらこんなところに閉じ込められるのだろうかと思うと気が重くなる」と述べ，さらに「トイレはドアがなく，トイレットペーパーも詰まってしまうので取り付けられていない。持ち物も他人のものを勝手にかき回すので個人の収納棚でも全部鍵がかかっている。フロアー全体に絵や花などの色彩がない。それも痴呆老人がさわったりするからだという。利用者はただ黙って座って1日中過ごしているだけだった」と語った。その話を聞いて，ほかの学生たちはその施設に対する驚きと非難の色を強めていった。ある学生は「そんな施設が許されていいのか！　それこそ人権侵害だ」と怒った。

　教員は「なぜそのような差ができるのだろうか」と問いかけ，これを職員の意識の問題として考えるだけではなく，社会福祉の制度や政策の問題と結びつけて理解を深めるために，施設運営の根拠法やそれに基づく職員配置基準などから考えてみることを提案した。学生たちは実習にいく前に「基礎知識」として自分のいく実習先の根拠法や対象となる利用者の定義，施設最低基準や職員配置の現状などを調べることになっている。それによって，同じような痴呆老人が利用している特別養護老人ホームと老人保健施設を比較していくと，老人保健施設の職員配置基準は特別養護老人ホームのそれよりも少なく，そのような職員配置では痴呆のある老人一人ひとりに個別的に対応することは困難で，「鍵をかける」という対応もそのような事情からなされているのではないか，という理解ができた。

［スーパービジョンにおけるポイント］⑤教員のアグレッシブなアプローチ

「あなた方は実習先で人権侵害をしてきませんでしたか」。このような教員のアグレッシブな問いかけに対し，学生たちは強い反発を示した。学生の多くは「実習先の職員は厳しく制約の多い職場で精一杯利用者のために頑張っている」と理解する。そして，そのような職員を自分たちのモデルとして意識するとき，利用者にとって好ましくない現状を「やむをえない」と理解してしまう学生が多い。そこに人権侵害などという発想は生まれない。しかし，同じ内容を「自分がされたら嫌だと思うこと」と言い換えて問われると，現状をやむをえないと思っていることとの矛盾があぶりだされる。この問いかけの意図は，それによって社会福祉の現場には個人的な頑張りだけでは解決しえない大きな課題があることに気づき，それを社会福祉の制度や政策のあり方と結びつけて考えさせることにある。

一方で，制度や政策の不十分さやシステムの矛盾を「職員の資質や専門性の問題」と理解する学生がいる。とくに，職員や施設に対して否定的な感情を抱いている学生は，しばしば自分のそのような感情を「資質や専門性の問題」として第三者的に表現するか，あるいは隠蔽して表現しようとしない。しかし，否定的な感情は表現することなしには吟味されないし，吟味なしには，その根本に何があるかに気づくことは難しい。

教員は，学生が抱いている職員や施設に対する否定的な感情に注意を向ける必要がある。なぜならば，学生が抱く職員や施設についての否定的感情は，皆の前で表現されることによってはじめて「非難」や「悪口」，「中傷」から「批判」（相手に対する意見や評価，さらには社会福祉制度やシステムの問題への認識）に育てることが可能になるからである。前記の「自分がされたら嫌だと思うこと」という問

いかけは，学生の抱いている否定的な感情の表出を促すことによって，それを批判に高めるための問いかけの一例でもある。

3 実習評価の活用と実習レポートの作成

3-1 評価の意味と活用

配属実習後に，実習先では実習評価がなされる。それは，配属実習直後になされる場合もあれば，一定の期間をおいてなされる場合がある。事後学習でその評価を活用するためには，配属実習終了から1カ月位で，その評価結果が学生に伝えられることが望ましい。

評価はどのように事後学習で活用されるべきかを述べる前に，学生にとって，評価の意味はどのように理解されており，実習において評価の意味するところは何かを考えたい。

学生たちの多くは，これまで「100点満点」の目標を示され，それをめざし，達成することを求められてきた。これを水泳にたとえるならば「25メートルを泳ぐ」という課題は「25メートルを足をつかずにクロールで息継ぎをきちんとしながら，定められた時間内に泳ぐこと」が目標であり，これを完璧にこなしてはじめて100点を貰える。逆に，この条件を満たさなければ減点される，という減点評価に慣れている。制限時間内に泳げなかったり，途中で足をついてしまったり，あるいはクロール以外の泳法であった場合には，すべて減点の対象になる。これまでの彼らにとって，自分が評価されるとは減点法で引かれていくことなのである。

そこで学生たちはできること，わかることを評価されようとする。できたい自分，わかりたい自分にこだわる。教員はそのような学生に手を焼いて「実習生はできなくて当たり前。実習生が職員と同じようにできたり，わかったりしたら，職員に対して失礼でしょう。

職員は給料を貰ってそれらの仕事をしているのに，実習生が職員と同じように仕事ができたら，給料を返さなければならなくなるのだから。それに，職員と同じように仕事ができたら，もう大学に残って学ぶ必要はなくなる」とまで言うこともある。

実習における評価法は，減点法ではなく加点法を採用したい。加点法とは，実習前と比較してどのような成長・変化があったかを評価し，加点していく方法であり，できなかったことやわからなかったことであっても，それによって何らかの成長・変化が認められれば，すべてそれがプラスの評価となる。それは，場合によっては100点以上の評価になる評価法である。

また，これまで学生は評価される対象となることが多かった。実習では，学生は評価の主体である。できなかったことやわからなかったことからも，何らかの成長・変化を認め，加点していく評価法であれば，それはおのずと学生が主体的に自分の体験を評価することが中心になる。

そして，それを補佐するのが実習先の評価である。実習先でなされる評価は，学生の自己評価に対して他者評価といえる。この場合他者とは学生の実習体験を共有している関係者であり，このような関係者からの他者評価が学生に伝えられて学生の自己評価はさらに深められる。したがって，学生に実習先の評価が伝えられることが必要不可欠なのである。

また，実習では実習評価を受けること自体が実習体験という側面をもつ。社会福祉の職場は，集団で援助活動を行うことに特徴がある。そこではチームワークが重要になるし，そのためにはお互いの業務の仕方について率直な評価が交わされることが必要になってくる。実習において評価が学生に伝えられることは，将来福祉分野の職場においてお互いの率直な評価が交わされるための体験学習とい

う意味があり，それは学生にとって必要かつ有効な体験である。

これまで，評価について評価の客観性や評価の基準が問題とされ，評価票の内容や様式，評価方法が永い間の懸案事項であった。しかし，評価の活用という視点からこれを検討するならば，学生の主観的な自己評価と，それを指導した実習先スーパーバイザーの主観的な他者評価であっても，実習体験という客観的な事実に基づいて行われる限り，そしてそれが相互に交わされることによって客観的な評価となり，両者の了解による基準の明確化がなされる，と考えることができる。つまり，評価の基準や客観性は評価の活用という相互作用によってもたらされるものなのである。このように考えるならば，実習評価は結果ではなくプロセスであり，評価は当事者の間で活用されることによって意味が生じる。

実習評価が実際に活用されるためには，評価内容を学生に伝達しなければならない。伝達の方法は，実習先で最終評価を反省会などの場で直接伝えてもらう場合や，後日評価票によって伝える方法などがある。また，実習先の評価を伝える際には，教員が学生に評価の意味と活用方法について援助を行う必要がある。また，もし学生が実習先の評価を受け入れがたいと感じたときには，学生がそのことを実習先に伝え返すための援助などが必要である。

多くの場合，学生は実習先の辛口の評価を受け入れることは比較的容易にできる。しかし，実習先の評価が自己評価よりも良い場合，それを受け入れることに抵抗を示す場合がある。なぜこんなに良い評価になったのか，あるいは自分のことを本当に見ていなかったからこのような評価になったのではないだろうかと疑心暗鬼になったりするのである。このような場合，学生の自己評価が不当に低い，つまり自分自身の自己肯定観（セルフ・エステーム）が低いことによって，実習先の評価の受入れが困難になっている学生が多い。その

ときは，教員は「納得いかない場合は実習先に説明を求めることができる」ことも伝えながら，自己評価の妥当性について考察するよう助言する必要がある。

ここで検討しなければならないのは，教育機関の単位認定の材料として，実習先の評価を用いることの妥当性である。これまで述べてきたような評価法では，実習先の評価は当事者同士で活用するものであるから，それを第三者である教員が成績評価に活用しようとすれば，その評価内容は妥当性を欠くものになる。なぜならば，評価内容は当事者である学生に伝えるために書かれるべきもので，教員に対するものではないからである。残念ながら，いまだ評価は当事者である学生に向けてなされるという認識が統一されておらず，単位認定の補助資料としての認識も根強くある。そのため，なかには学生の将来が不利にならないように，単位認定が低くならないように，厳しい評価はしないという実習先の善意によって評価が決定される傾向がある。しかし，成績評価の責任は教員にあり，実習先の評価責任は単位認定にまで及ばない。そのことを明確にし，実習先のスーパーバイザーをその責任から解放し，学生のためだけの実習評価ができるようにしなければならない。

3-2　実習総括レポートの作成

[1] 実習総括レポートの作成手順

事後学習の後半は，実習総括レポート（以下「レポート」とする）の作成にあてられる。学生にとってはレポートを書くことは，それによってその年度の最終自己評価とし，一連の実習の授業にピリオドを打つことを意味する。実習レポートの作成をリンケージの循環でいえば，これまでの実習体験を思い出し，それを多面的に理解する段階から，その経過を踏まえて意味づける段階に進むことになり，それを終えることによっ

て，循環のワンサイクルの終了となるのである。

　作成にあたって，はじめにこのレポートはどのように活用されるのかを明確にする必要がある。レポートの活用の仕方によって，誰を読み手として書くかが異なってくるからである。実習では，多くの場合レポートは何らかのかたちで活字化され，実習先や学内の教員・学生に公開される。つまり，これまでグループ内で語られるだけだった実習体験を，それ以外の関係者に伝えるために文章化することになる。これまで同一体験をもつ学生内だけで伝え合っていたことを，直接対面しない関係者にも理解してもらえるように書くことが求められていることを伝える。

　レポートの作成は，基本的には個人作業である。しかし，レポートの作成過程をグループ・メンバーが共有することはできる。たとえば，グループ内で自分の作成した，あるいは作成途中のレポートを読み上げ，メンバーに聞いてもらう。そして，どのように書こうとしたか，どのようなところが書ききれていないかなど，自己評価を伝え，アドバイスを教員やメンバーからもらう。時には思うように書けない悩みなどが語られることもある。それに対しメンバーからは，共感や励ましの言葉が伝えられる。学生はそれらを支えに何度かの書き直しを経て，レポートを完成させることになる。

　一方，レポートを聞く側の学生にとっても，このプロセスは大きな効果がある。学生は他の学生のレポート内容やそれについての自己評価を聞きながら，自分自身の実習レポートについてのヒントや不十分な点に気づくことができる。個人指導では指導される・指導するという一方的な関係で教員と学生との緊張感が高くなるのに対し，この方法の利点は，学生同士のサポーティブな雰囲気が得られることにある。

［2］レポート作成指導についての留意点

　レポート作成の

指導を行う際に教員が留意しなければならないことは，以下の点である。まず，学生たちにとってレポート作成の難易度がこれまでの要求水準よりも高まることを踏まえ，学生たちが課題を達成するための援助を行う必要がある。

　レポートでは，実習体験の羅列だけではなく，それを通して意味づけられた自分自身を語ることが求められる。自分自身を語るとは，利用者と自分との関わりを通した社会福祉援助者としての自分自身と向き合うことであり，これはかなり難易度が高い要求である。この課題を達成させるためには，レポート完成に至るまでのプロセスで，学生は自分の成長の確認ができていなければならない。自分自身の成長が確認できてはじめて，学生たちは今後の自分の課題を明確化できるようになる。反対に，たんに援助者としての課題が列挙されている場合，それを学生の成長とはいいがたい。それは，実習によって自己肯定感が低くなった結果からなされたもので，それを今後の成長の課題とするには，無理がある。教員はこの点を見極め，いまだその段階に達していない学生には，自己肯定感を高め実習の成果が確認できるように，積極的に介入し，援助していく必要がある。

　そうはいっても，学生たちにとってこの時期にすべての体験が肯定化されたり，受容されるものではない。しかし，教員は年度の終わりにあたって，時間の制約上いまだ未消化な部分をはらみながらも，現時点で成果として確認できるものをまとめさせるという矛盾した指導を行わなければならない。そこで教員は，レポート作成指導のはじめに，話すことと同様に書く場合にも文章化できることとできないことがあること，そこで，文章化できないことは，今無理に文章化しなくていいと指導し，それは言語化の場合と同様に，まだ自分のなかで熟成させる必要があることだということを伝える。

ついで,今回のレポートですべての体験を伝えることは不可能であるから,何を伝えたいかを考えることから始めるように伝える。また,レポートの内容は,秘密保持の原則を守ることが必要であること,そのために教員は表現方法について援助することを,レポート作成指導のはじめに伝える。

さらに,そのようにして作成されたレポートは,完成したものではなく,現時点での学生の評価であり,学生の成長の途中経過報告であることを前提に読んでもらえるように,読み手に伝えることも必要であろう。

[3]「自分自身を語る」とは　　では,「自分自身を語る」こととは具体的にはどのようなことをいうのか,いくつかのレポートからその部分を抜粋して紹介しよう(東京国際大学人間社会学部[1999])。

自閉症者の施設で実習した学生は,自分と利用者との関わりを振り返って次のように書いている。「緘黙症の利用者を前にしたとき『彼のゆったりとした思考の時間に合わせてあげることが大切』というアドバイスをスーパーバイザーからもらった。それまで私は,利用者のペースに合わせて行動するよう心がけてきたつもりだったが,それは私の認識だけだったようだ。実際は利用者の視点に立って考えているつもりでも,自分のペースや気持ちを押しつけていたのではないかと気づいた。また,『自分の受け取り方や関わり方は適切だろうか。職員には私はどうみえるだろか』ということが気になって,子どもを中心に行動することが難しかったことにも気づいた」。

児童養護施設で実習した学生は,虐待されて育った子どもとの関わりを次のように述べた。「実習もなかばころに,子どもが私を叩いたり,小突いたりしてくるようになった。私は『どうして叩くの

だろう』という受け止め方ができず,『どうして叩かれるのだろう』という気持ちが強く,子どもにそうされることが屈辱的だった。そして叩こうとする子どもの手を『何がなんでも止めてやろう』と押さえたり,彼を押さえ込もうとして腕を摑んだりした。いつまた彼が叩いてくるかわからないので,身体はいつもガチガチ,気持ちはパンパンに張り詰めていた。その時期の私は『あの子にバカにされたくない,負けたくない』という気持ちでいっぱいだった。けれども,私は彼と対抗するために実習していたのではなく,彼に負ける必要も勝つ必要もなかった。私はただ,子どもの気持ちに添えるように側にいるつもりだったのに,彼の気持ちも行動も必死に押さえ込もうとすることに一生懸命になっている自分に気づいた。この時の私は,自分の気持ちだけで子どもをみていて,子どもの目線から見ようとしたり,気持ちを理解しようという余裕を忘れていたように思う」。

　ある学生は重症心身障害児施設での実習体験から,自分自身について次のような理解をしている。「私が初めて利用者と一対一で関わる機会があった時,自傷行為の激しい利用者と2人だけでいることが10分足らずしかもたず,すぐ職員に手助けしてもらった。この場面に関して,実習を終えてから気づいたことがある。私は初対面の人,あるいは関係が浅い人に対してはどこか構えてしまって,相手に緊張感を与えてしまう傾向がある。そういう自分の性格を十分認識していなかったことで,相手にも緊張を強いてしまい彼自身が不安になったのではないかという理解ができた。すべてではないにしても,自分自身の対人関係の傾向が原因の1つであったと思われる」。

　利用者主体の援助をテーマに掲げた学生は,自分自身がそれを徹底しようとして,しきれなかった苦い経験と重ねて「限られた時間

や種々の制約があるなかで多くの事柄をこなそうとすれば，職員は効率を追求することになり，必然的に利用者に対して過干渉にならざるを得ない。また，このような過剰な関わりをもつことが，利用者に対して何かをしてあげなければならない（または，せずにはいられない）職員の思い，発想をより一層強めることになる。と同時にこのようなゆとりのない過剰な関わりは，利用者のもつさまざまな可能性を見逃してしまうことにつながり，そのことが無自覚のうちに利用者の内にある自尊心や成長の芽を摘み取っているのではないだろうか」と述べている。

　ある学生は，自身の成長を次のように記述する。「私にとって実習は，自分と向き合うことであった。今まで気がついていなかったこと，うすうす気づいていたのに目を背けていたこと等，自分を知る機会が与えられた実習であった。かなり自分にとって厳しいこともあったが，福祉の仕事に就く前にこのような機会が得られたことはよかったと思っている」。

　多くの教育機関では，このような過程を経た実習総括レポートを，資料として保存している。そして，これから実習をしようとする学生に対しても公開しているだろう。これらの資料を読み，学生の配属実習から事後学習を経た成長過程を共有することは有効である。しかし，これから実習をしようとしている学生が，実習内容の理解や，実習機関・施設を理解しようとするためにレポート集を読もうとするならば，レポート作成経過や教員の指導内容・方法なども理解したうえで読むことが望ましい。そのために，レポート集にはレポート作成過程を示す必要がある。

4 実習総括全体会の意味とその運営

4-1 実習総括全体会の意味と運営方法

　実習総括全体会は，実習レポートを完成させ，学生の自己評価が終わった時点で，それを実習関係者に最終的に伝える場である。学生にとって，実習の振り返りは年度が終わることによっておしまいになることはない。学生たちは，レポートを完成させた後も，言語化できなかったこと，文章化できなかったことを大事に抱えている。今後はそれを時間をかけて熟成していく作業が続いていく。また，現時点で意味づけている体験も，時間の経過のなかでまた違った理解ができたり，意味づけが深まったりしていくであろう。しかし，この時点での最終自己評価を関係者に伝えることで，授業としての区切りをつけることが実習総括全体会の意味である。

　実習関係者，とくに実習先のスーパーバイザーにとっても，実習総括全体会は学生の配属実習後の成長・変化を確認する場である。スーパーバイザーをはじめとする実習先の職員は，配属実習期間内での学生の成長・変化を確認することはできても，それ以降の成長・変化を確認する場が限られている。しかし，学生の成長・変化を確認することは，実習受入れ側にとって自分たちの実習受入れがどのような学生の成長・変化に貢献しているか，どのようなことが効果的で，どのようなことは改善の余地があるかを知る機会になる。つまり，スーパーバイザーにとっては実習受入れについての評価をする機会でもある。実習を依頼した側は，学生の事後学習を経た成長を伝えることによって，その機会を実習受入れ先に提供する。

　実習総括全体会の運営方法は，誰に対して，何を伝えようとするかによって，また参加規模によっても変わってくる。参加者は，そ

の年度に実習を履修した学生が参加するのはもちろんである。また，実習総括全体会の意味を実習先への最終報告と考えるならば，実習先スーパーバイザーを招待することになる。もし，これが今後の学習課題を確認することを中心にするならば，学生の所属する演習担当教員など学内教員の参加を求めることが必要だろう。学生たちが下級生に対し自分たちの実習体験を語ることによって，さらに実習の意味を深めようとすれば，下級生もこの会に参加することになる。

そもそも，実習体験は個別であり，実習の自己評価も個別である。それを全体会という形式で伝えるには，おのずと限界がある。また時間的な制約も当然生まれる。長時間の運営は効率的ではない。したがって言語化や文章化以上に伝えることについて工夫が必要であるし，伝える内容の焦点を絞る必要がある。それと関連するのが，実習総括全体会の規模であろう。参加者数が少なく規模が小さければ，個別的な内容は伝えやすく，反対に大きければそれは難しくなる。企画段階で，規模とそれに見合う内容の設定が必要である。履修学生数の多い教育機関では，規模と内容と照らし合わせながら，学年全体で行うのか，学科ごとにするのか，それともコースごとかという運営上の工夫をする必要がある。

また，企画・運営に学生を参加させ，あるいは学生主体で行わせる場合もある。その際には，企画・運営責任をもつ大学・学校は，それがどのような意味をもつのかを学生をはじめとした関係者に示すことが必要である。

4-2 実習総括全体会の事例

以下に，実際に実習総括全体会を行った事例を紹介しよう。

この大学では，社会福祉の学部や学科はなく，社会学科に在籍する学生のなかで希望するものが社会福祉士受験資格を得るための科

目を履修している。その中の1つの科目として3年時に社会福祉援助技術現場実習が開講されている。その年度にこの科目を履修した学生は13名であった。

　実習の授業が実習レポートの完成によってすべて終了した年度末のある土曜日の午後，学生たちが，実習先のスーパーバイザーと前年度実習を履修した先輩である4年生を招いて，実習総括全体会を開催した。実習担当教員も同席し参加者への挨拶を行ったが，会の企画や進行等は3年生の学生が主体となって行った。ここでは，実習総括全体会の企画・運営をすることを最後の実習体験と位置づけた。学生たちには，ソーシャルワーカーの仕事には個別的な援助だけではなく，このような企画とその実施も含まれること，それを最後の実習課題として教員と役割分担して企画・運営することを提案した。この時期は春休みで課外授業になったが，学生たちは最後の授業として意欲的にこの課題に取り組んだ。

　実習総括全体会の内容について，学生たちと事前に相談した結果，①4年生や実習先スーパーバイザーに対してこれからの自分たちの課題を報告し，②自分たち自身の確認のために社会学科で社会福祉実習を学ぶ意味を問う（他の社会福祉学部・学科所属学生との比較）ということを決めた。また，学生数が少ないので，全体でまとめるのではなく個別性を生かしたまとめをしてみようということも確認された。これによって参加者は，実習を履修した学生と実習先のスーパーバイザー，前年度実習を履修した4年生と次年度所属予定の演習担当教員になった。

　また，当日の資料は，実習レポート集（印刷・製本されたもの）を大学側が用意し，そのレポートのなかのこれからの自分たちの課題をダイジェストにまとめたもの，さらに「社会学科で社会福祉実習を学ぶ意味を問う」という内容をレジュメ化したものを学生たちが

用意することになった。さらに実習先のスーパーバイザーへの開催通知と参加依頼は，大学からの正式文書として発送されたが，学内の学生への参加呼びかけは学生たちが行った。当日の会場設営なども，テーブルのセッティングから参加者の着席順まで学生たちの発案で工夫され，プログラムの作成と当日の司会も学生が行うことになった。

　こうした準備のもと，今年度実習をした学生13名に加え，昨年度実習した4年生，実習先スーパーバイザー，教員合わせて約30名程度の小規模な実習総括全体会が，3時間余りにわたって開催された。学生たちは用意した内容を発表し，それに対して実習先スーパーバイザーからコメントをもらったり，4年生が実習後の卒論作成や就職活動などの経験を披露して，4年次の過ごし方のアドバイスを行ったりし，最後に実習担当教員が参加者へのお礼を述べて，実習総括全体会を終了した。

Column ④　アメリカにおける実習スーパービジョン

　実習は通常学期中を通して行われ，学生は教室と実習先を往復しながら理論や方法論を身につけていく。大学教員の巡回はないので，学生にとって実習現場でのスーパーバイザーとの関係が重要となる。なぜならスーパーバイザーは学生の自己覚知を促すとともに，ワーカーとしての役割を具体的に示すロールモデルだからである。

　スーパーバイザーとの関係は，実習を申し込むときに始まる。実習受入れの判断をするための面接をスーパーバイザーが行うからである。学生は，面接で自分の実習目的や能力，取組み姿勢を説明して，実習の合意を取りつけなければならない。スーパーバイザーは学生に，成熟した学習者であることを期待している。

　実習開始時，学生はスーパーバイザーと具体的な実習課題（実習レベル，履修科目，機関によって設定することが多い）を確認する。スーパーバイザーは学生個別のニーズに対応して実習環境を整え，スーパービジョンを開始する。十分なスーパービジョンがない場合，学生は直接交渉のほか，大学の実習コーディネーターを通じての調整やスーパーバイザーを変更したりできるので，積極的に交渉をする。

　評価方法は，スーパーバイザーがまず課題ごとの達成度についての自己評価とその理由を学生に求め，次にスーパーバイザーが評価・コメントする。最終的な評価は2人の合意により決める。この方法では，学生が課題達成を阻む原因や次に設定する目標をより明確にできると同時に，たとえ評価が厳しくても（定期的なスーパービジョンを受けるのであまりないことだが），公正に評価されていると感じられる。アメリカのスーパービジョンの特徴は，学生とスーパーバイザーがさまざまな実習の過程を合意に基づいた協働作業で行い，実習課題の達成度が高められることである。またそれだけに，学生の意欲が実習の成功を左右することになる。

飛田　明日香（文京女子大学）

Column 5 　社会福祉援助技術現場実習報告会で報告をして

下記は3年次で行った実習報告会で発表した際のレジュメである。実習からジレンマと考えられる事柄を抽出し，対応・気づき，スーパーバイザーの助言によってどのように変化したかをまとめた。

(1) 施設種別・施設名　　知的障害者更正施設　A寮
(2) 実習先でのジレンマ　　S.Oさん（女性，46歳）との接し方

	S.Oさん	実習生（自分）	スーパーバイザー
実習前期	① 散歩中，実習生の腕をつかみ，お腹をさすってほしい，おでこに手を当ててほしい，という動作をしてきた。 ↓ 「お腹が痛いのですか？ 大丈夫ですか？」と声をかけながらお腹をさすってあげた。 ↓ 実習生の声がけに強く頷き行動がエスカレート。突然興奮。 ↓ 動揺し，「やめてください」と必死で止めようとしたが余計興奮させてしまった。		
	② 1人の利用者につきっきりで作業をしていた。 ↓ 急に興奮し，実習生の髪を引っ張ったり騒いだりしてきた。 ↓ 興奮がおさまるのをじっと待っていた。		S.Oさんは，構ってほしいという欲求が強いため，ほかの利用者と関わりつつもS.Oさんに言葉をかけてあげたり，気にしてあげることが必要。
実習中期		S.Oさんとの関わり方がわからず避けてしまった。しかし，S.Oさんを理解しようとしていなかった自分に気づく。 ↓ S.Oさんに関することを職員に聞いたり，S.Oさんを観察した。	S.Oさんが興奮したときにはS.Oさんの興味のあることを話したり，場面を切り換えられるような声がけをして対応してはどうかとアドバイスしてくれた。
		S.Oさんの観察や職員のアドバイスを踏まえたうえで，	

4　実習総括全体会の意味とその運営

		①興奮させる要因をつくらないこと ②興奮しても早い段階で抑えられるように努力する ③避けることなく自然に接するように心がける	
実習後期	③入浴を終え寮へ移動中，S.Oさんは急に立ち止まり，おでこに手を当てて何かを訴えようとしていた。 ↓ S.Oさんのおでこに手を当て熱がないことを確認し，「熱はないみたいですから早く寮に戻って髪の毛乾かしましょうね」と声をかけた。 ↓ 強く頷き，興奮することなく寮へ戻った。 ＊「大丈夫ですか？」という声がけではなく，S.Oさんが安心して次の行動に移れるような声がけをするようにした。		本人の好きなこと，興味のあることをたくさん見つけてあげて少しでも安定した生活を送れるように援助していくことが課題の1つ。 ここ最近とくに感情のバランスが不安定だということから更年期というS.Oさんの年齢的な部分も見逃せないのではないか。

実習報告会で発表することが決まり，実習中に書いた実習日誌を読み返しながら自分の実習を振り返ってみた。報告会のテーマが，実習中のジレンマということだったので，S.Oさんとの関わり方で悩んだこと，また，それをどう解決していったか，を発表することにした。

報告会は，とても緊張した。自分の実習がどのような実習であったか，聞いている人たちに一度できちんと伝わるか，とても不安だった。S.Oさんがどのような人なのか少しでも人物像が浮かぶようにS.Oさんの性格・施設での様子・家族構成・家族との関係など詳しく原稿に書いて発表をした。発表を終えてから，周りの人達から「S.Oさんのことや自分の行動・感情が詳しく述べられていてよかった」という感想をもらい，きちんと伝わったのだなと安心した。

報告会やスーパービジョンという機会がなかったら，自分の実習をここまで振り返ってじっくり考えてみることはなかったと思う。その意味でもとても勉強になった。

社会福祉系大学4年　根本　真理子

● 演習問題 ●

1 これまで,実習スーパービジョンについてどのようなイメージ,理解をしていたかを話し合ってみよう。

2 実際に自分の受けた実習スーパービジョンの体験について,話し合ってみよう。

3 これまでのどのような「評価」の方法で,どのような評価体験があったか,話し合ってみよう。

4 自分自身の実習自己評価がどのようなものか,発表してみよう。

5 先輩や,他大学・学校の実習総括レポート(実習報告書)がどのような構成・書き方になっているか確認してみよう。

6 自分の作成した実習レポートを,ほかの学生に読んでもらい,感想を聞いてみよう。

7 自分たちで実習総括全体会を企画し,運営してみよう。

■ 引用文献

日本社会事業大学［1987］「第2回社会福祉実習教育セミナー報告書」

潮谷恵美［2000］「第49回日本社会福祉学会自由研究発表資料」

社会福祉実習のあり方に関する研究会編［1988］「社会福祉施設等における『現場実習』指導マニュアル(案)」日本社会事業学校連盟/全国社会福祉協議会・施設協議会連絡会

東京国際大学人間社会学部編［1999］「1998年度社会福祉援助技術現場実習 実習レポート集」

Bogo. M. and E. Vayda［1998］*The Practice of Field Instruction in Social work : Theory and Process*, 2nd ed., Columbia University Press.

◆ より深い学習のために ◆

① 社会福祉実習研究会編『**社会福祉実習サブノート――初めて実習生となるあなたへ**』中央法規出版,2000年

本書はまさしくサブノートであり,社会福祉援助技術現場実習についてわかりやすく説明している。もっと勉強したい,自分で不安を解消したい人には使いやすいものである。またソーシャルワークのツールのひとつとして重要なインシデントを学ぶのにも適している。

② M.ドゥエルほか著・中野敏子ほか監訳『**社会福祉実習をどう教えるか――英国の実習指導者のためのテキスト**』誠信書房,1999年

学生のための本というよりも,実習指導者のための本である。イギリスにおいて,パーソナル・ソーシャルサービスの実習指導資格取得のための本として出版された。学生が使用するにはやや難しいが,社会福祉の現場に行った場合には役立つ本である。

③ 一番ヶ瀬康子監修『**社会福祉実習 新訂版**』一橋出版,2000年

高校生のための社会福祉実習の本であり,大学生には簡単すぎて物足りないかもしれない。しかし,特別養護老人ホームに実習に行く場合に介護実習を行っていない学生には具体的な介護技術がわかりやすく書かれた章があるので,参考になるであろう。また,お礼状の書き方など内容的にもわかりやすいのが特徴である。

④ 岡本榮一・小田兼三・竹内一夫・中嶋充洋・宮崎昭夫編『**福祉実習ハンドブック 改訂版**』中央法規出版,2000年

社会福祉実習だけではなく精神保健福祉実習についても書かれており,精神保健福祉にも興味のある学生には役立つ本である。具体的な介護方法や施設の説明,社会福祉援助技術についての解説,実習前指導,実習計画の書き方,実習事後指導,自己覚知など盛りだくさんの内容となっているのが特徴である。

⑤ 宮田和明ほか編『**三訂 社会福祉実習**』中央法規出版,1998年

社会福祉援助技術実習に行く学生のマニュアル的な本である。内容は詳細であり,実習機関・施設種別による実習の内容や計画モデルなどは実習に行く前の学生には大変参考になろう。実習前後指導についても記述があり,また学生の視点からだけではなく,実習先機関・施設における指導のあり方も書かれて

いる点が特徴である。社会福祉の現場に就職してからも使用できる本である。
  ⑥ 日本社会事業学校連盟・全国社会福祉協議会編『**社会福祉施設現場実習指導マニュアル**』全国社会福祉協議会，1996 年

社会福祉実習について早くから書かれた本であるが，学生ではなく実習先機関・施設の指導者のための本である。学生が実習に行く前に読むのではなく，社会福祉の現場に就職してから，じっくりと勉強するために読む本である。

  ⑦ 社会福祉実習研究会編『**実習生のための対人援助技術――社会福祉の実習事例から学ぶ**』中央法規出版，2001 年

事例を読んで，課題を考える形式になっている本である。自分が経験しなかった機関・施設について，実習内容や出来事についても学べることが特徴である。具体的に学べ，事例で学べるのでわかりやすい本である。資料としてインシデントやプロセス・リコード，アセスメント・シートなどがついており，それらの書き方の練習もできる。

事項索引

●あ行
アプリケーションアプローチ 196
アセスメント 50, 113
イド 44
エゴ 44
エニック 51
エコロジカル・アプローチ 45
援助計画 50
援助(介入)プロセス 50
エンパワメント 102
オーソン・ウェスト式(開かれた質問) 176
オリエンテーション 161

●か行
介護職員 25
介護福祉士 25
介人 48
介入計画 108
課題 52
課題中心アプローチ 49
価値 11
監査委員会計画 102
カンファレンス 124
管理的機能 170
危機介入アプローチ 49
危機介入 49
虐待の防御 22
権威主義的アプローチ 49
沙汰的機能 36

●さ行
教育的機能 170
グループワーク 166
クライアント 108
クライエント 108
ケース記録 143
継続記録 115
見立て家屋 82
個別援助法 88
行動変容アプローチ 45, 49
行動理論 44
国際ソーシャルワーカー連盟 34
個別化 39
個別的接触 167
コミュニケーション技法(スキル)
コールドプラン 102
56, 122

●さ行
サイノート 157
自己覚知 6, 24, 30
自己洞察 40
自己省察(セルフ・エステーム)
199
自己実現 20
自己受容 24
支持的機能 170
施設家屋 120
事業訪問 71
集団リクリエーション 71, 86

索 引

手段としての曲座　39
信仰（あにみ）ちから　28
集中方式　37
紫 紺　50
抗生滲串　43
抗生剤散生事件用起承体　6
抗生剤点主及び介護施設上夹；　6
抗生剤使用量　102
抗生剤使用量確認表現制技集　1,72
抗生剤使用量確認指数　1,6
抗生剤使用量確認指数　83
抗生剤使用量確認指数　9,83
抗生剤使用量の効率　9
抗生剤使用量　7
抗生体の特殊　39
抗生注意　43
抗生薬物　61
栄養セプル　90
栄養目標　152
栄養プログラム　106
栄養管理曲　166
栄養ノート　157
栄養内容　120
栄養担当医（一）169
栄養提供表示（栄養生の入パーンパーガ）169
栄養提供表示義務員（栄内の入パーンパーガ）
栄養伴腺　198
栄養標配ラベート　166
栄養様板在在会　166
栄養巡回　149
栄養計画理量　108
栄養計画懸正　136
栄養計画値　75,105
栄養影響　75

● た 行

対象者名　20
対人移助　145
運反電離能　115
的別目顎　114
施麻和施設計画　102,108

—— の目的　33
—— の曲理・知識・接核　33
ツーシャルーター　7
ツーシャルーカー　7
ツーシャル・スキル　148
相課・便薬楔関版　25
相課権関実業　122
相課経関策路　25
相課経勤　7,24
専門的秘儀　24
専門職セプル　67
貨 体　37
多米ツーシャルーワーカー般友支援検討会　107
たワパ・モニタリング　107
精神病院処患上之養接有板　6
精神分析理脂　44
生活支援主　25
ストーリージョン　20,24,131,150,170
ストーリーパンジー　131
ストーリーパジイー　65,150
ストーリーエエフ　44
信頼関係性　144
参倹座支援見守プログラート　48
事例研究　74,84
処過計画案　108
障害者プラン　102
巡回接機　149
参卸的施設性　42

索引　219

● 事項索引 ●

あ行
配偶者喪失　89, 128
愛着の障害　45
ビデオ・ハビジョン　174
愛着保持　41
葬儀　50
フィードバック　107
問題専門職　7
意志の回復　36

か行
介護休暇　(ロールアウト)　83, 124
き行
目標達成　52
モニタリング　6, 11, 30, 118, 153
モニタリング　50, 116
問題解決アプローチ　11, 49

く行
利用者　(クライエント)　20
リサーチ　167
倫理　11
ロールアウト　→ 概要休暇

さ行
債判服務　83

な行
日本ソーシャルワーカー協会倫理綱領
34, 42
入所(生活)施設等　25

か行
中間目標　114
長期目標　114
通勤方式　29
通所施設等　25
通所方式　27
配偶　21
働きかけ　11

ま行

や行

ら行
ブランチー座　27
プロセス課題　115
分析方法　27
ペンリッシ権利　8
尽害で養護　6

● 人名索引 ●

あ行
エリクソン　(E.H. Erikson)　45

か行
北川歳昭　23
コーリ　(R. Kohli)　55

さ行
佐藤豊道　15

た行
武田健　23
ダットン　(J. Dutton)　55

は行
バイステック　(F.P. Biestek)　58
バートレット　(H.M. Bartlett)　67
ピアジェ　(J. Piaget)　45
ブース　(C. Booth)　8

索 引

人 名

フロイト (S. Freud) 44
ヘプワース (D.H. Hepworth) 34.
ラーセン (H. Larsen) 34, 50
ラウントリー (B.S. Rowntree) 8

事 項

渡部律子 9

編者紹介（五十音順）

岡田まり　立命館大学教授
主著　『精神保健福祉論概論』（共著）

柏女霊峰　淑徳大学教授
主著　『現代児童福祉論　第4版』

深谷美枝　明治学院大学教授
主著　『社会福祉実習サブノート』（共著）

藤林慶子　東洋大学教授
主著　『高齢社会に対応する介護保険制度とケアマネジメント』

ソーシャルワーク実習
Social Work Field Practicum 〈社会福祉士シリーズ⑰〉

2002年2月10日　初版第1刷発行
2014年2月10日　初版第4刷発行

編者　岡田まり
　　　柏女霊峰
　　　深谷美枝
　　　藤林慶子

発行者　江草貞治

発行所　株式会社　有　斐　閣

郵便番号 101-0051
東京都千代田区神田神保町 2-17
電話　(03)3264-1315〔編集〕
　　　(03)3265-6811〔営業〕
http://www.yuhikaku.co.jp/

印刷・製本　大日本法令印刷株式会社　Printed in Japan
© 2002, O.Okada, R.Kashiwame, M.Fukaya, K.Fujibayashi.
落丁・乱丁本はお取替えいたします。

★定価はカバーに表示してあります。

ISBN4-641-05541-6

本書の無断複写（コピー）することは、著作権法上での例外を除き、禁じられています。複写される場合は、そのつど事前に、日本複製権センター（03-3401-2382）にご連絡ください。